Barbara Honigmann
Das überirdische Licht

Rückkehr nach New York

Carl Hanser Verlag

1 2 3 4 5   12 11 10 09 08

ISBN 978-3-446-23085-9
© Carl Hanser Verlag München 2008
Satz: Fotosatz Reinhard Amann, Aichstetten
Druck und Bindung: Friedrich Pustet, Regensburg
Printed in Germany

Das überirdische Licht

Hier ortet man sich nach den Himmelsrichtungen und ruft sich seine Position zu wie auf hoher See. Länge Breite Nord Süd Ost West, und am Ende aller Streets und Avenues tauchen Himmel und Wolken auf und Meer und Schiffe und Kräne und Hafen. Ein siebzehnstöckiges Hochhaus schiebt sich den Hudson runter. Ach ja, es stand doch in der New York Times, daß die *Queen Mary 2* heute zum ersten Mal nach Southampton ablegt.

Das überirdische Licht! Im November strahlt der Himmel azurblau und viel heller als in irgendeiner Provence. Klarer und durchsichtiger, weil kein Hitzedunst die Konturen erweicht. Licht und Schatten sind scharf voneinander geschnitten, die tiefen Schattenschluchten der Streets und Avenues werfen sich kerzengerade in ihre vorgegebenen Richtungen, und »die Gestade des Himmels dahinter/zergehen in Wind und Licht«. Noch nie in meinem Leben habe ich so gleißendes Licht gesehen, es muß mit dem südlichen Breitengrad und der ozeanischen Lage oder sonstwelchen physiko-geographischen Bedingungen der Stadt zusammenhängen. Von so überirdischer Helle stelle ich mir das »verborgene Licht«, das ursprüngliche, das »Licht des ersten Tages« vor, von dem die Legende erzählt, es habe von einem Ende der materiellen Welt bis zum anderen Ende der geistigen Welt geleuchtet. Dann hat es

Gott für die Gerechten in der kommenden Welt beiseite geschafft, denn soviel Klarheit konnte natürlich kein Mensch aushalten.

Vielleicht verdankt sich das überirdische Licht auch einfach nur dem Wind, der zu dieser Jahreszeit hier immer pfeift und tobt und Himmel und Luft zu solcher Klarheit und Durchsichtigkeit ausfegt. Manhattan ist ihm wie ein Schiff auf hoher See ausgeliefert. Wunderbarerweise biegen sich die Häuser nicht, aber Möwen und Blätter taumeln durch die Luft, die unwahrscheinlichsten Dinge wirbeln über Straßen und Gehsteige, heben ab und fangen an zu fliegen, und als ich den Dollarschein für die New York Times schon ein paar Schritte vor dem Kiosk aus dem Portemonnaie hole, saugt und zieht es mir gleich die ganzen Scheine daraus hervor, sie wirbeln davon, ich hopse und hasche und schnappe nach ihnen wie in einer dummen Slapsticknummer, und mindestens ein Dutzend Leute, die gerade da gehen oder stehen, stürzen den fliegenden Dollarscheinen mit hinterher, fangen sie ein wie Schmetterlinge und bringen sie mir zurück, und jeder macht noch eine Bemerkung über Wind und Wetter oder gibt mir einen guten Rat, *be carefull next time!*

Auch in meinem Apartment rüttelt und schüttelt es die Fenster in ihren Fassungen, dazu pfeift und singt es noch, weil die Fenster so tief in die Wand zurückgesetzt sind, daß der Wind sich in einem Resonanzraum wie für ein Symphonieorchester oder eine Opernaufführung austoben kann. Manchmal klingt es, als hielte eine Meute heulender Hunde und Katzen die Räume Tag und Nacht besetzt.

Der liebe Deutsche Literaturfonds und das Deutsche Haus, das zur New York University gehört, haben mir hier, mitten in Manhattan, eine Schriftstelleresidenz überlassen. Im siebenten Stock eines 30stöckigen Hochhauses darf ich zehn Wochen *writer in residence* sein, und man fragt mich noch nicht einmal, was ich hier, außer zu residieren, zehn Wochen lang sonst noch tun werde. Das heißt, ich bin frei und gefangen in New York, dieser Gedanke erregt und beglückt, aber beängstigt mich auch ein bißchen, denn die Stadt ist sehr groß, und ich bin ziemlich klein.

Die Residenz besteht aus einem riesigen Zimmer mit einer ganzen Wand aus Fenstern, einem kleinen Schlafzimmer und allem, was sonst noch so dazu gehört. Durch die vielen Fenster, die im übrigen unglaublich dreckig sind, ist die Wohnung sehr hell, möbliert aber ist sie wie mit Möbeln aus der DDR, die, wenn ich mich richtig erinnere, Hellerau hießen und vor fünfzig Jahren als modern galten. Das Gebäude ist eines der drei *Silver Towers*, die in den 60er Jahren von dem berühmten Architekten Ioeh Ming Pei für die New York University erbaut worden sind, aber auch sie hätten in der DDR stehen können, finde ich. Allerdings haben sie den besonderen Charme, daß sie ganz einsam zwischen den sonst niedrigen Häusern aufragen, denn in dieser Gegend gibt es keine Wolkenkratzer und auch sonst keine Hochhäuser.

Die Pei-Türme stehen genau im Schnittpunkt zwischen dem East- und dem West-Village, SoHo und der Gegend um den Washington Square, und beaufsichtigen sozusagen alle die kleinen Streets, die um sie herumquirlen und noch auf Namen hören. Die nach Norden fortlaufende Numerierung der Streets beginnt hier erst zögerlich, Namen und Nummern wechseln sich noch ab, manche Nummern fehlen ganz, die erste, zweite, fünfte, sechste und siebente Street existieren auf der Westseite gar nicht, statt dessen heißen sie Place, obwohl sie eindeutig Streets sind. Noch schlängeln sie sich um Plätze und kleine Squares, viele Häuser haben sogar Vorgärten, wie in einer Kleinstadt, ja, einem Dorf, deswegen heißt das Village ja auch Village.

Auf all das und noch viel weiter, bis zum East River, hat man vom Fenster meiner Residenz im Turm eine Aussicht. Ich könnte die zehn Wochen, die mir hier bemessen sind, auch nur am Fenster stehenbleiben und schauen. *Faineanter dans un monde neuf est la plus absorbante des occupations* – der Satz, den ein in Frankreich bekannter Reiseschriftsteller auf einer seiner Reisen zwischen dem Balkan und Afghanistan notierte, geht mir nicht aus dem Sinn.

Im Block gegenüber sind am Abend alle Fenster erleuchtet, und hinter allen Fenstern gibt es etwas zu sehen. Niemand hat die Vorhänge zugezogen. Die Leute stellen sich in ihren Szenerien dar, treten durch eine Tür auf, kommen herein oder gehen hinaus, sitzen in einem Sessel unter einer Lampe, einer liest Zeitung, manche gucken fern, eine Frau bringt etwas, ein Mann holt etwas, einer räumt seinen Schreibtisch auf, daneben tanzen sie und ein bißchen weiter turnen sie und üben sich an Geräten. An der Ecke ist ein Kino, davor stehen Leute Schlange oder gucken sich die Schaukästen an, drinnen kaufen sie sich Billets und Popkorn. Auf einem Balkon steht ein Mann in einer roten Hose und raucht. In der Wohnung unter ihm scheint eine Party stattzufinden, Leute stehen herum und halten Gläser in den Händen, ein Paar lehnt am offenen Fenster, es sieht aus, als führten sie ein ernstes Gespräch. Vielleicht haben sie sich gerade kennengelernt, vielleicht trennen sie sich heute. Ich beobachte die fremden Menschen in ihren fremden Leben wie durch die unsichtbare vierte Wand des Theaters, deutlich und entrückt zugleich. Nun weiß ich, wo Edward Hopper sich zu seinen Bildern hat inspirieren lassen. Er hat ja hier gewohnt, drüben am Washington Square North Nr. 3, wo man sein Atelier noch heute besichtigen kann.

Zwischen meiner Residenz und dem gegenüberliegenden Block liegt das flache Sport-Center der New York University, deren *visiting scholar* ich als *resident writer* auch noch bin, und auf dem Dach des Flachbaus drehen Jogger und

Walker ihre Runden, manchmal sprinten sie auch oder machen ein paar Gymnastikübungen, die turne ich ihnen nach. Das soll ja gut tun.

Und über, neben und hinter dem gegenüberliegenden Block kann ich das Chaos der unvorstellbar vielgestaltigen Formen der Stadtlandschaft bestaunen, all die steinernen Linien, die sich schneiden und durchziehen, krümmen, biegen, strecken, über- und untereinander legen, längs, quer, diagonal, ornamental, zugleich statisch und bewegt, in einem schmalen Raum komprimiert. Und doch muß irgendwo eine Stütze sein, denn die Stadt steht stocksteif aufrecht. Die meisten anderen Städte liegen an einem Fluß oder am Meer oder in einem Tal, manchmal auf einem Berg. Diese Stadt aber steht senkrecht. Ich weiß, ich bin nicht die erste, die das feststellt.

Wenn das überirdische Licht am Abend untergegangen ist, tönt der Lärm noch immer weiter, er hört niemals auf, auch er muß überirdischer Herkunft sein, denn auf der Erde schlafen die Menschen doch manchmal. Geheul, Gedröhn, Getöse, Gerumpel und Geratter, Sirenenschrillen von Feuerwehr, von Polizei und anderen *Emergencies*, aber auch der Menschenlärm verstummt nie. Provinzlerin, die ich bin, dachte ich zuerst, die Stadt feiere gerade irgendein Fest, so viel Musik und so viele Stimmen, die singen, lachen, rufen, reden, aber nach der dritten Nacht habe ich verstanden, so ein ewiges Fest gibt es doch nicht auf der Welt. Es rumst, bumst, kracht, klingelt, quietscht, singt, schreit, brummt, tönt und tutet, und bald bin ich viel zu müde nachzusehen, was da draußen eigentlich vor sich geht, ich habe schon begriffen, daß es der normale Metropolenlärm des Village ist, wo sich schließlich Lokale, Bars und Jazzkneipen drängen und die Leute von sehr weit herkommen, um sie zu besuchen, weil die allerberühmtesten Bands dort spielen und die weltbekanntesten Sänger singen.

Der *doorman* unten im Haus, an seinem *frontdesk*, kommentiert meine verhaltene Klage über den Krach mit: Na, wenn Sie Ruhe suchen, dann müssen Sie nach Iowa gehen!

Erst einmal ist in meiner Residenz das Telefon kaputt. Vergeblich krieche ich auf dem Boden herum, auf dem sich eine Unmenge von Schnüren verwirrt hat, die ich alle heraus-, hinein- und herumstöpsele, es funktioniert nicht. Zwei Tage später kommt ein sehr großer schwarzer Mann, den man früher einen Neger hätte nennen dürfen, geradezu ein Riese (ich habe gehört, daß sich inzwischen viele Schwarze nun erst recht selbst Negro nennen), jedenfalls kommt er von der Telefongesellschaft Verizon und begrüßt mich mit der Frage: *Are you Barbara?*, und ich bestätigte ihm, daß das *me* sei. Er weist, nach einem kurzen Blick auf die Verwirrungen am Boden, von sehr oben

11

herab, erst auf einen Stecker, dann auf eine Schnur, dann auf einen Stöpsel, läßt mich nach seinen *orders* stecken und stöpseln und repariert mein Telefon einfach mit einem Blick und zwei kurzen Anweisungen, dann verabschiedet er sich schon wieder: *Bye-bye Barbara!* Genauso: *Bye-bye, Barbara!*

Endlich kann ich zu Hause anrufen und sagen, ich bin gut angekommen, wohne mitten in Manhattan, die Wohnung ist hell, groß und geräumig, es gibt sehr viel Platz, ihr sollt mich besuchen kommen, ja, ja, natürlich geht es mir gut. Und endlich kann ich jederzeit mit Sanda telefonieren, meiner Freundin aus der ganz alten Zeit, aus Berlin, die seit vielen Jahren in New York lebt und wunderbarerweise nur wenige Straßen von meiner Residenz entfernt. Ihre Wohnung liegt in einer der kleinen *mews*, den ehemaligen Stallgäßchen auf der Rückseite der alten Brownstone-Häuser am Washington Square-Park, die im 18. und 19. Jahrhundert von der amerikanischen »Aristokratie« bewohnt wurden und heute mitsamt den einstigen Stallgebäuden zu *city landmarks* erhoben worden sind. Solche *mews* gibt es auf der Ostseite und auf der Westseite. Auf der östlichen befindet sich das Deutsche Haus, und auf der westlichen, in der MacDougal Alley, wohnt meine Freundin in einem winzigen Häuschen, das ihr eine, man kann schon sagen, philanthropische Landlady vermietet hat. Nach so vielen Jahren der Trennung, während derer wir uns mit kurzen Besuchen, langen Briefen und seltenen Telefonaten begnügen mußten, finden wir uns jetzt mitten in Manhattan als Nachbarinnen wieder. Wenn uns das jemand vorausgesagt hätte – damals in Berlin, im Osten, den wir so satt hatten!

Mein magisches Dreieck

Touristische Pflichten habe ich mir nicht auferlegt, die habe ich schon bei früheren Besuchen erfüllt. Am Ende meiner Residenzzeit werde ich dann feststellen, daß ich eigentlich nie aus dem Village herausgekommen bin, und meine Dorfgenossen werden mir bestätigen, das geht hier allen so! Weil es ja ein Dorf ist, wenn auch ein größeres, kann man es, wenn man gute Schuhe hat, auch zu Fuß erlaufen, die kleinen Streets hinauf und die mittleren Streets hinunter, und dabei sogar einige Avenues überqueren. Natürlich bleibe ich dauernd stehen, weil ich vieles näher betrachten will, Buchläden, Galerien, Drogerien und ihre *customers*, ein *petshop*, in dessen Auslage eine Handvoll ganz kleiner Hunde in einem Körbchen unter einem Infrarotstrahler wachsen. Am Union Square habe ich dann sogar ein ganzes Pet-Kaufhaus, mehrstöckig, mit einer Abteilung für Hundemode im *basement* entdeckt. Für Katzen gibt es aber keine Modeabteilung, die würden sich so etwas Affiges auch nicht bieten lassen.

Meine Dorfgenossen stehen der Vielgestaltigkeit ihrer Stadtlandschaft in nichts nach, so multiverschieden, multi-ethnisch und multisozial, multiform und multifarbig wie sie sind und ausschauen und dahergehen. Was sie anhaben, tun und wie sie sich benehmen. Manche laufen ganz wild aussehend herum, manche picobello wie vom

Laufsteg weg, einige richtig bohèmehaft, andere mehr gepflegt vernächlassigt, viele ganz schön exzentrisch und ein jeder mit dem festen Willen zur Gestaltung, das ist unübersehbar. *Deeply superficial*, hat Andy Warhol alle diese Leute und sich selbst treffend beschrieben; der hat hier auch irgendwo gewohnt. Richtig Meschuggene, die laut deklarieren und wild gestikulieren, laufen auch mehr als in anderen Städten herum, obwohl sich der Unterschied zu denen, die einfach laut mit ihrem *cell* herumtelefonieren, verringert haben dürfte. Den Hauptpreis für Exzentrik spreche ich innerlich einer ganz großen, gertenschlanken Frau von tiefschwarzer Hautfarbe zu, die im schneeweißen Pelzmantel mit schneeweißer Pelzkappe und schneeweißen Stiefeletten auf 10 cm hohen Absätzen einherstöckelt und ihren schneeweißen Pudel spazierenführt. Aber wie! Vielleicht ist sie eine Berühmtheit, vielleicht ist sie bloß die weiße Pudelqueen von der Charles Street. Vielleicht sieht sie auch nur aus wie eine Frau. Wer weiß, wie sie sich selbst nennt. Wir sind ja hier nicht weit von der legendären Christopher Street, in deren Nähe, in der Bethune Street, sich übrigens auch die Synagoge *Simchat Tora* für schwule, lesbische, bi- und transsexuelle Juden eingerichtet hat. Der Gedanke, daß dieses heimelige Village mit seinen Häuschen und Vorgärtchen die Heimat der amerikanischen Bohème und von diesem Dorf alle Queer-Kultur der Welt ausgegangen ist, wirkt erheiternd, ja paradox. Ich muß zugeben, daß es in manchen Schaufenstern tatsächlich Dinge zu sehen gibt, von denen ich nicht einmal genau weiß, wie herum man sie sich anschaut und wozu und an welchen Körperstellen sie etwa benutzt werden, so daß ich noch nicht einmal zu erröten brauche, weil mein Interesse rein technisch bleibt. Direkt daneben ist wieder eine ganz altbackene Drogerie, die lauter Krimskrams verkauft, wie ich ihn zum letzten Mal in meiner Kindheit in Ost-Berlin gesehen habe. Dann eine Galerie. Der marokkanische Fotograf, der darin ausstellt, bittet mich, ihn nach Paris weiterzuempfehlen. Dort würde es doch sicher auch eine *synagogue connection* geben, wie er das nennt. Davon weiß ich nichts, und warum sagt er mir das.

Auf die Frage *Where do you come from*, damit von Anfang an soviel Klarheit wie möglich geschaffen ist und vielleicht auch aus einer Art Bekenntnissucht, antworte ich in aller Aufrichtigkeit: *I come from France, but I am a German Jew.* Die Formelhaftigkeit, in der meine Existenz so ihren Ausdruck findet, beglückt mich. Und sogar in New York bleiben diese Zuordnungen mein magische Dreieck. Fast jeden Tag gehe ich im Deutschen Haus vorbei und lasse mich von Kathrin und Kathrina, die dort angestellt sind, um die deutsche Sprache und Kultur in Amerika zu verbreiten, betreuen, oder ich drucke mir etwas aus oder nehme mir eine deutsche Zeitung mit und halte die beiden von ihrer wichtigen Mission ab. Nebenbei tauschen wir unsere Beobachtungen über Amerika im allgemeinen und New York im besonderen aus, über Schwierigkeiten und Auffälligkeiten des Alltags und der Sprache, und dazu geben Kathrina und ich aus der Höhe unserer erwachsenen Kinder Kathrin Ratschläge für ihre erste Schwangerschaft und alles, was darauf folgt. Eine Art Schwangeren- und Mütterberatung. Mit einem der selten auftauchenden Herren, der dort auch noch irgendeine Funktion hat, verkrache ich mich schon, bevor wir uns noch mit unseren Kaffeetassen am Tisch niedergesetzt haben, natürlich über den Nahost-Konflikt und Israel. Ich würde so gerne gelassen bleiben, aber bei dem Thema reagiere ich, wie die meisten Juden, hysterisch. Leider.

Direkt gegenüber vom Deutschen Haus in der kleinen *mews* hinter dem Washington Square, sie können sich gegenseitig in die Fenster schauen, befindet sich die *Maison Française*, beide Häuser gehören zur New York University und sehen sich zum Verwechseln ähnlich. Ehemalige Stallgebäude wie das Häuschen, in dem Sanda wohnt, wirken sie putzig unter den großen *buildings*, die um sie herum stehen. In der *Maison Française* lese ich französische Zeitungen oder gucke wenigstens mal hinein, später besuche ich auch einmal eine Abendveranstaltung, bei der ich das »bessere« frankophone und vielleicht auch frankophile

New Yorker Publikum kennenlerne. Ich habe das Gefühl, dieses Publikum ist noch mehr »B.C.B.G.« als sogar in Paris. B.C.B.G. ist die Abkürzung von *bon chic bon genre*, vom Volk persifliert zu *beau cul bonne gueule** – man könnte auch einfach sagen, Snobs. Obwohl ich mir beim anschließenden Cocktail große Mühe gebe, den spitzen Pariser Akzent irgendwie aus mir herauszuholen, sieht man mir meine Nichtzugehörigkeit zur Gruppe natürlich schon an der Kleidung an. So elegante, mit einem Schuß Exzentrik zurechtgemachte, gepflegte Menschen habe ich in meinem Leben noch nie gesehen. Ich komme mir wie ein richtiger Underdog vor, denke während des ganzen Abends, daß ich mich mehr pflegen, auf mich achten, mich inszenieren müßte. Und schlank! Mir war schon aufgefallen, daß man in New York kaum Dicke sieht, die doch sonst in den USA mehr als anderswo zu sehen sind, und Sanda hat mir erklärt, daß in New York jede, auch die abwegigste Lebensform toleriert wird, aber Dicksein, das ist Sünde.

Der Schriftsteller Pascal Bruckner spricht an diesem Abend. Er rechnet mit seinem französisches Heimatland – nein, kanzelt es ab, wie lahm, wie auf den Hund gekommen, wie konservativ vor allem die Linke sei, je linker, desto konservativer, bloß nichts verändern, niemals experimentieren. »Die Franzosen müssen immer erst eine Re-

* *schöner Arsch, nette Schnauze*

18

volution veranstalten, um eine Reform zustande zu bringen«, zitiert er Raymond Aron, und wir würden bald erleben, nur noch zwischen Links- und Rechtsextremen wählen zu können. Diese negative Bilanz trägt er mit so großer Enttäuschung und Bitterkeit in der Stimme vor, daß ich schon befürchte, er werde auf offener Bühne in Tränen ausbrechen. Aber beim anschließenden Cocktail, im angeregten Gespräch mit den schönen und schlanken New Yorkern, schien er sich wieder gefangen zu haben.

Die kleine Washington Mews, in der sich das French und das German House gegenüberliegen, geht vom University Place ab, der aber eine normale Straße ist. Auf der anderen Straßenseite – das ganze Areal um den Washington Square herum ist ja eigentlich Campus – erhebt sich ein großes Gebäude der New York University, in dessen unteren Geschossen sich verschiedene Cafeterias befinden und auch die koschere Mensa, in die ich manchmal essen gehe, weil das praktisch ist und meine *visiting scholar card* mich dazu berechtigt. Die koschere Mensa heißt hier *Eatery*, und es gibt an jeweils bestimmten Wochentagen entweder »fleischiges« oder »milchiges« Essen, dafür haben sie zwei Küchen, in denen abwechselnd gekocht wird. Außerdem kann man sich für 9.99 $ im voraus ein Voucher für ein *Schabbes dining* kaufen, so daß man am Schabbes nicht verbotenerweise mit Geld herumhantieren muß, sondern sich an den gedeckten Tisch setzen kann. Im

Foyer liegen außerdem Dutzende von Blättern, Blättchen, Anzeigen, *folders* und *leaflets on behalf of, about, concerning jewish life* in New York, das sich in so vielen Formen, Strömungen, Richtungen und Verzweigungen darbietet, daß man sie so wenig überschauen kann wie die Stadt selbst.

Zwischen dem Deutschen Haus, der Maison Française und der koscheren Mensa finde ich mich also in einem Perimeter von weniger als zwanzig Metern in genau dem magischen Dreieck wieder, in dem sich mein Leben nun schon seit so vielen Jahren abspielt. Vielleicht gehört das auch zu den metaphysischen Phänomenen dieser Stadt, daß sich hier jeder zugleich in der Fremde, aber doch nicht völlig entwurzelt fühlen muß. Deshalb nennen sich all die Einwanderergruppen ja auch so stolz *Chinese-Americans* oder *Italo-Americans* oder wie auch immer *-Americans*, denn so stolz sie sich auch als *American citizens* fühlen, leben sie doch noch über mehrere Generationen hinweg in der Verklärung der alten Heimat und huldigen ihr in irgendeinem Kult oder einer Feierlichkeit. Darin, und vielleicht nur darin, unterscheidet sich die jüdische Community auffällig von allen anderen Communities, daß sie das nicht tut. Sie huldigt keinem Land, aus dem sie ausgewandert, geflüchtet oder vertrieben worden ist, jedenfalls nicht, wenn sie aus Rußland, Polen oder dem übrigen Osteuropa gekommen ist. Nur die deutschen Juden bilden wieder einmal eine Ausnahme, sie allein trauern der alten Heimat nach, haben Sehnsucht nach »Kaffee und Kuchen« und Gesprächen unter gebildeten Leuten. Jüdische Einwanderer aus Deutschland haben sich in Amerika lange immer genau da niedergelassen, wo sie ihre Nachbarn aus der Pfalz oder dem Rheinland wiedertrafen. In St. Louis/ Missouri zum Beispiel, das im 19. Jahrhundert eine große deutsche Stadt war, von der das deutsche Reformjudentum seine Ideen nach Amerika hineintrug und immerhin zur zahlenmäßig bedeutendsten unter den religiösen Strömungen werden ließ. Und wenn man ihre Choräle mit Orgelbegleitung hört, könnte man fast von einer deutschjüdischen Symbiose sprechen.

Ein gewisser Tagesrhythmus und ein paar Gewohnheiten haben sich bald eingestellt. Das gefällt mir, gerade, weil ich gar nichts Aufregendes erlebe, sondern mich mit den alltäglichen Handlungen in die Stadt einschreibe. Denn so ist es nun mal, daß uns das Nebensächliche und Unwesentliche, eben die Gewohnheit, Halt gibt, wie auch Goethe im *Wilhelm Meister* sagt. New York ist viel zu hoch, zu tief, zu breit, zu unförmig, zu unordentlich und zu kochend, als daß du wissen könntest, wo du den *pot* packen kannst, wo er seine Henkel zum Festhalten hat. Da schwimmst du eben einfach ein bißchen in der Suppe mit. Aber der *melting pot*, als den sich Amerika so lange sah, ist, wie ich aus Artikeln, dem Fernsehen und Gesprächen

21

lerne, inzwischen durch die Salatschüssel ersetzt, wo die Zutaten nicht mehr verkocht werden, sondern sich alle möglichen Gemüse und Gewürze, jedes in seiner Eigenart, zu einer neuen Gesamtkomposition zusammenfinden.

Mindestens eine Stunde lang täglich lese ich die New York Times, am intensivsten die *Metro Section*, was die Lokalseiten sind, die mich über das Leben in den *five borroughs* informieren. Europa kommt in der Zeitung wenig vor, das paßt zu meinem Wohlgefühl der Entfernung. Ich schneide jede Menge Artikel aus und sammle sie, mit meinen Anstreichungen versehen, in einer Mappe, weil ich sie später Peter oder den Kindern oder Freunden zeigen oder einfach aufheben möchte. Oft finde ich Artikel zu jüdischen Themen in der *Metro Section*, deren Lektüre mich auf meine Begegnung mit dem New Yorker jüdischen Leben vorbereitet. Die New York Times ist in einem irgendwie sogar altmodischen erzählenden Ton geschrieben, jedenfalls in keinem Jargon, und man muß nicht schon alles wissen, um die Artikel zu verstehen, wie das sonst bei den meisten Zeitungen der Fall ist. Wenn ich zum dritten Mal auf ein unbekanntes englisches Wort stoße, schlage ich es im Webster nach, der in der Residenz ausliegt, und lese mich natürlich fest. Erst danach setze ich mich an meinen Laptop und arbeite an dem mitgebrachten Manuskript, mit dem Blick auf die Sportler, die auf dem Dach des Sport-Center ihre Runden drehen, oder mache mir Notizen in dem *One-Subject-Notebook*, das ich mir bei *Staples* gekauft habe, nachdem ich dort mindestens eine Stunde alle Papierwaren und Schreibwerkzeuge genau betrachtet, befühlt und befaßt habe. Denn etwas Schöneres als ausländische Schreibwaren findest du nicht!, und trotz Computertechnik sieht ein amerikanischer Schreibwarenladen noch genauso aus wie vor fünfzig, wenn nicht hundert Jahren. In dem Notebook versuche ich mich ein wenig als »müßige Reisende« zu verankern, zu denen ich mich nach den Kategorien von Laurence Sterne zählen muß, und diese Zeit festzuhalten, gleich in dem Moment, wo sie nicht mehr Erleben und noch nicht Erinnerung ist.

Manchmal sehe ich auch fern, aber nicht allzu fern. Mein Lieblingssender ist MNN, *Manhattan Neighbourhood Network*, ein lokaler Nachbarschaftssender also, in dem sich, von keiner Professionalität angehaucht und ohne Werbung, alle Klassen und Rassen, Minoritäten, Schichten, Glaubensrichtungen, Bürgerinitiativen, *movements* und *associations* darstellen und ihre Botschaften, Probleme und Meinungen verbreiten und diskutieren. Fast wie im richtigen Fernsehen sitzen sie um einen Tisch oder auf Sofas und Sesseln, und ihre Anliegen sind politisch und nachbarschaftlich, städtisch und gesellschaftlich, was ja alles dasselbe ist, ich erfahre eine Menge über all die *minorities* und *movements* und *initiatives* und schnappe nebenbei noch viele verschiedenen Akzente auf.

101 Fahrenheit

Ich hatte schon vorausgesehen, daß ich nach den Auf-
regungen der Reise und des Eingewöhnens vor lauter Erschöpfung erst einmal krank werden würde, ich kenne
mich doch, und hatte mir deshalb gleich am Flughafen das
legendäre Tylenol gekauft, in das ich ebenso viel Vertrauen setze wie meine Eltern in Veganin, das sie während
der Emigrationszeit in England kennenlernten und an dessen Schlagkraft sie ebenso fest glaubten wie an die Schlagkraft der RAF; sie wußten es sich noch Jahrzehnte nach
ihrer Rückkehr in Packungen zu 100 oder 300 Pillen zu beschaffen, um damit alle echten und eingebildeten Krank-
heiten zu heilen.

In den Schubladen meiner Residenz findet sich zum Glück
ein Thermometer, ein digitales, wie Fieberthermometer
heutzutage sind. Ich habe 101 Fieber. Fahrenheit. Eigentlich verstehe ich nicht, warum die Amerikaner alle Maße,
Gewichte und sonstigen Maßeinheiten ihrer ehemaligen
Kolonialherren beibehalten haben. Warum fahren sie
dann nicht auch links, da sie doch auch englisch sprechen.
Im Moment verstehe ich allerdings gar nichts mehr. Seit
vielen Jahren habe ich kein Fieber mehr gehabt, und nun
gleich 101. Fieber hatten immer nur die Kinder, ich habe
ihnen dann Wadenwickel gemacht und Kamillentee gekocht.

Eigentlich fühle ich mich sogar wohl im Fieberzustand, den ich so lange nicht mehr erlebt habe. Ich bleibe im Bett, nehme alle paar Stunden ein Tylenol, bemitleide mich und finde es irgendwie schön, allein und krank zu sein, doch mit einer engen Freundin in der Nähe, in einer fremden Stadt, die vor meinem Fenster im Sturm schwankt und nicht in Iowa liegt, während ich mich durch Erinnerungen und Eindrücke der verschiedensten Lebensepochen hindurchphantasiere. Die Fenster rütteln, die Katzen und Hunde, die die Wohnung besetzt halten, jammern und jaulen, aber über mir spielt jemand Klavier. Gegen Abend kommt Sanda herübergestürzt, um mir eine Suppe zu kochen, die mir guttun und mich kräftigen wird, wie sie sagt und wie es meine Mutter auch immer gesagt hat. Dazu geht sie erst einmal in den Supermarkt, der sich gleich am Fuße meines Pei-Turms befindet und neben dessen Eingang über die ganze Breite der Nordwand ein buntes Fresko in mexikanischer Art gemalt ist, auf dem sich all die Bohème-Legenden des Village zu einem Fest eingefunden haben, Dylan Thomas und George Gershwin, Jackson Pollock und Bob Dylan, Allan Ginsberg und Mark Rothko und manche, die ich gar nicht kenne. Sie kommt mit einem Hühnchen, Gemüse und Suppengrün zurück, aber leider hat sie nicht darauf geachtet, ob es auch ein koscheres Hühnchen ist, dabei muß man sich hier wirklich Mühe geben, nicht koschere Lebensmittel zu finden, denn seit vielen Jahrzehnten überwacht die »Orthodox Union« die genaue Zusammensetzung aller nur möglichen Lebensmittel der verschiedensten Hersteller und setzt ihren »Stempel«, ein winziges U, das von einem ebenso winzigen O eingekreist ist, neben die Angaben der Ingredienzien, ein Zeichen, das niemand bemerkt, der es nicht sucht. Der, der es sucht, wird allerdings manchmal durch ähnliche Zeichen irregeführt, von denen einige gültig, andere nicht gültig und reiner Betrug sind, denn die Koscherstempel erfreuen sich mit dem wachsenden Mißtrauen gegen die Zusammensetzung von Lebensmitteln immer größerer Beliebtheit, und deshalb denken manche Hersteller, ein Koscherstempel oder etwas, was so ähnlich aussieht, könnte ihrem Produkt nicht schaden, unwissenden Hypochondern jedoch Vertrauen einflößen.

Sanda geht also noch einmal hinunter und kauft ein koscheres Huhn und kocht es mir mit dem Gemüse und tut noch ein paar Nüdelchen hinein, wie eine richtige Mutter. Wahrscheinlich fehlen ihr ihre Kinder auch manchmal so wie meine mir. Dann muß sie schon wieder los, zu irgendeiner Probe oder einem anderen *date* in der Musikszene, doch sie verspricht, danach gleich wieder anzurufen.

Schon in der DDR hat Sanda in öffentlichen und nicht öffentlichen Konzerten gesungen und sogar eine Schallplatte aufgenommen oder zwei, doch dann, als sie in den

Westen kam, ihre Karriere nicht richtig weiterverfolgt, weil sie zu viele andere Dinge zu tun hatte, und erst hier in New York, mit fünfzig, hat sie wieder richtig mit der Musik und dem Singen angefangen. Inzwischen hat sie schon einige CD's aufgenommen, dafür will sie nun ein Label finden, und im Musikgeschäft geht es natürlich hart zu, wie in jedem anderen Geschäft, da muß sie jetzt sehr *busy* sein. Seit uns das Leben, die Phrase klingt zu schön, vor vielen Jahren in Berlin getrennt hat, haben wir immer in verschiedenen Städten und Ländern, die weit voneinander entfernt sind, gelebt, und außerdem hatten wir ja Männer und Kinder und Arbeit, um die wir uns kümmern mußten. Schon deshalb konnten wir uns nicht oft sehen, weil das jedesmal größere Reisen und Organisation erfordert hätte, für die wir weder die Zeit noch das Geld und auch nicht die Kraft hatten.

Inzwischen haben wir nun mehrere Lebenskurven umrundet, einige historische Epochen von Familienkonstellationen liegen hinter uns, unsere Kinder sind erwachsen, und unsere Männer gehen in Europa ihrer Arbeit nach. So kommt es, daß unser unverhofftes Zusammensein in New York auf einmal so ähnlich wie das damals in Berlin ist. Vor dem Verheiratetsein, vor den Kindern, als wir noch ledig waren. Wir rufen uns mehrmals am Tag an, sehen uns dauernd und hinterlassen uns dazu noch lange Nachrichten auf der *anwsering machine*. So wie in der Zeit, als es in dem engen Berliner Freundeskreis keinen Anfang und kein Ende des Zusammenseins und niemals »Verabredungen« gab, denn die Clique lebte und bewegte sich mehr wie ein einziger, vielarmiger und mehrköpfiger Körper. Mal schlief meine Freundin bei mir, mal ich bei ihr, oder wir beide schliefen bei einem dritten, oder wir schliefen zu dritt bei einem vierten, jedenfalls trugen wir immer die Zahnbürste bei uns, weil wir ja nie wußten, wo wir aufwachen würden. Schon damals hatte Sanda mehr Energie als ich, immer war ich es, die am Ende die nächtlichen Gespräche irgendwann nur noch mit hm-hm kommentierte, bis sie dann verächtlich sagte, na gut, ich sehe, du bist schon wieder in der hm-Phase, also schlaf schön, und sich noch eine Zigarette anzündete, während ich einschlief. Und genauso ist es auch jetzt wieder. Wenn ich mich gegen Mitternacht von ihr in der MacDougal verabschiede, hat sie noch ein ganzes Programm vor sich.

Das nahe Zusammensein mit der alten Freundin und das Alleinleben in der Residenz haben etwas Merkwürdiges in mir ausgelöst. Ein längst vergangenes Leben stellt sich wieder ein, sozusagen vor meinen eigenen Augen verwandele ich mich in eine kinderlose, unverheiratete Studentin zurück und bin erschüttert, wie leicht und selbstverständlich ich diesen Zustand wieder als den natürlichen annehme. Das Sorgen, Horchen, Planen von Jahrzehnten fällt von mir ab, als wäre es nie gewesen. Ich gebe mit Bedauern, aber auch mit Erleichterung meine Rolle ab, das tragende Element eines statisch hochsensiblen, komplizierten Bauwerks zu sein, dessen Stabilität jeden Tag von neuem auf die Probe gestellt wird, das ständig erneuert und konserviert werden muß, damit es nicht einstürzt, und das Familie heißt. Außerdem kümmere ich mich gar nicht mehr groß um mich selbst, wie das Alleinstehenden wohl leicht geschieht. Ich vernachlässige mich und jede Form, sehe nicht ein einziges Mal am Tag in den Spiegel, bürste mir morgens nur mit zwei Routinestrichen die Haare, esse aus der Tüte, wickele die Butter nicht aus dem Papier, lasse den Berg ungewaschenen Geschirrs in der Spüle wachsen, ziehe mich nicht ordentlich an, sondern laufe in einem alten Sportdress herum, aus dem mein Sohn Ruben oder einer seiner Freunde herausgewachsen ist. Ich habe nie verstanden, wie sich in unserer Wohnung so viele Sportsachen anhäufen konnten, eine Hose von einem Freund, ein Sweatshirt von einem anderen, ein Jogginganzug von einem dritten, Socken ganzer Mannschaften und unzählige Sachen mehr, ich brauchte zwei weitere Leben, um sie abzutragen. Aber ich tue, was ich kann, deshalb habe ich den alten Sportdress mit nach New York gebracht, nicht etwa, um darin Sport zu treiben, sondern mich in das tiefe Sofa fallen zu lassen und den Tag damit zu verbringen, aus dem riesigen Fenster in den azurblauen Himmel und das überirdische Licht zu sehen, zu träumen, zu lesen und erst einmal krank zu sein. Ich spreche viel mit mir selbst und mit Abwesenden in der Ferne und aus fernen Zeiten der Erinnerung und überlasse mich dem Wohlgefühl, in der Hauptstadt der Welt im Bett zu liegen. Allein und ledig. Ich habe mich oft gefragt, was das eigentlich für ein Wort ist, ledig. »Von Beschwerden, von Hemmendem frei, unverheiratet«, sagt der Weigand. »Herkunft des Wortes ungeklärt: Vielleicht aus dem Ahd. abgeleitet: Ausgang habend, d.h. frei von Gefangenschaft oder drückender Verpflichtung, aus dem Rechtsleben weiter entwickelt: unbehindert, unverheiratet, unbesetzt, leer«.

In New York gibt es sehr viele Juden, heißt es, aber wie soll ich die finden, mit denen ich Schabbes machen kann. Wenn Peter mich besuchen kommt, werden wir sie gemeinsam suchen gehen. In einer Synagoge taucht man sowieso besser mit einem Mann auf. Außerdem, nicht wir halten Schabbes, sondern Schabbes hält uns. Sagt der Talmud. Die Wahrheit dieser Weisheit kann ich bestätigen, und ich habe sie durch eine andere erfahren: *naasse wenischma*, »wir tuns und wir hörens«, wie Buber übersetzt. Manches versteht man erst, wenn man es tut. »Wir tuns und wir hörens«, mit dieser Formel haben die Kinder Israels am Berg Sinai das Gesetz der Tora angenommen, allerdings erst nach der Androhung, daß sie sonst unter dem Berg begraben würden, und weil die anderen Völker die Tora sowieso nicht wollten. Auch ich bin dabei gewesen, denn es heißt, »alle Menschen, die noch geboren werden sollten bis ans Ende der Welt, waren da und umstanden den Berg Sinai«.

Trotzdem zünde ich die beiden Kerzen, die ich mir mit Wachs auf einen Teller geklebt habe, nicht an, aus Angst vor einem Wohnungsbrand. Schließlich ist in allen Erzählungen von New York immer so viel von Bränden die Rede, wie es jeden Tag an vielen Orten zugleich gebrannt hat, und ich höre doch dauernd die Feuerwehrsirenen vor den Fenstern, und die Männer vom *Fire Department* sind schließlich nicht umsonst legendäre Helden. Statt dessen schaue ich die beiden Kerzen einfach an. Damit ist mein Schabbes zwar nicht rabbinisch, aber brandschutzmäßig gesichert.

Am Samstag regnet es zuerst sehr stark, es schüttet wie aus Kannen, gegen Mittag aber glänzt das überirdische Licht schon wieder am azurblauen Himmel, das Fieber ist gefallen, und ich fühle, wie mir wieder Energie zuwächst und Lebenssehnsucht, die mich aus dem Bett springen läßt, als würde ich sonst gerade in dieser Stunde etwas Wichtiges und Dringendes verpassen. Ich laufe durch die Broadwayschlucht nach Süden, dem Licht nach, dorthin, wo es vielleicht verborgen ist. In SoHo sind die Straßen so *packed*, daß ich mich schon wieder frage, was denn wohl los ist, aber an der Canal Street, wo dann endgültig Fußgänger- und Flanierstau ist, begreife ich, es ist Markt, einfach Markttag. Ich kann buchstäblich keinen Fuß mehr vor den anderen setzen. Wie viele Völkerschaften in wie vielen Sprachen hier handeln, wird auch für die kommende Welt verborgen bleiben. Alle möglichen Leute strecken mir Dinge entgegen, die ich in ihren Einzelheiten gar nicht mehr wahrnehmen kann, weil mich vor soviel Menge und Masse Panik befällt, ich habe Angst, in diesem Schreien und Brüllen, geschubst und geschoben, ewig steckenzubleiben. So stelle ich mir eigentlich New Delhi vor. An irgendeiner Street schaffe ich es endlich, einen Haken zu schlagen, die Mengen und Massen lockern sich etwas, so daß ich wieder vorwärts komme. Weil Schabbes ist, laufe ich ohne Tasche herum. Über das Problem des Trageverbots am Schabbes in Manhattan wird seit ungefähr hundert Jahren gestritten. Manche Rabbiner erkennen die natürlichen Eingrenzungen der Insel als *Eruw*, als Sabbatgrenze, an, innerhalb derer das Tragen erlaubt ist, was von anderen, wie nicht anders zu erwarten, bestritten wird, zuletzt von Raw Mosche Feinstein, der letzten von (fast) allen religiösen Juden der Welt anerkannten Autorität. Straßburg hat einen *Eruw*, aber Manhattan hat keinen. Die jüdischen *neighbourhoods* in Brooklyn haben sich natürlich alle seit Jahrzehnten mit *Eruwim* umgeben. *Eruwim* ist der Plural von *Eruw*. Ich habe wieder einen rabbinisch nicht ganz abgesicherten Kompromiß für mich gefunden: Das existentiell Nötigste habe ich einfach in die Manteltasche gesteckt, also Schlüssel, Brille und Taschentuch, und auf die Handtasche mit dem Nebensächlichen verzichtet, Geld, Stadtplan und Lippenstift. Je weiter ich nach Süden komme, um so höher werden die Häuser wieder, wachsen zu Hochhäusern, schließlich zu Wolkenkratzern. Mir wird klar, daß ich auf Ground Zero zusteuere. Da wollte ich überhaupt nicht hin. Diesen Ort wollte ich meiden, wie ich alle Gedenkorte meide, seit wir mit der Schulklasse Buchenwald besichtigt haben; eine größere Peinlichkeit und Falschheit habe ich in meinem ganzen Leben nicht mehr erlebt. Ich weiß einfach nicht, was ich an einem Gedenkort machen, wie ich stehen, wohin ich gucken und was ich tun soll.

Jeder erzählt dir hier seinen *Nine Eleven* spätestens eine Stunde, nachdem du ihn kennengelernt hast, denn die meisten hier im Village haben es ja aus dem Fenster mit angesehen, und jeder kennt einen, der es aus noch größerer Nähe erlebt, überlebt oder leider nicht überlebt hat. Mein Cousin Daniel arbeitet hier in einer nahe gelegenen Bank, und ich habe damals wie eine Verrückte nach New York angerufen, wie alle anderen auch, die einen Verwandten oder Bekannten oder Freund oder Kollegen dort haben. Natürlich waren alle Leitungen besetzt und kein Durchkommen, und dazu versuchte ich immer noch gleichzeitig in Israel anzurufen, weil Ruben dort gerade studierte, und wer konnte denn wissen, was sonst noch passieren würde, aber auch nach Israel waren alle Leitungen besetzt, weil sich darin alle besorgten Mütter, Verwandten und Freunde stauten. Es war das erste und letzte Mal, daß ich auf zwei Telefonen gleichzeitig telefonierte, freilich ohne Erfolg, denn die Technik war mit den Nerven gleichzeitig zusammengebrochen.

Die weit abgesperrte Grube, wo sich einmal die Twin Towers erhoben, sieht eigentlich wie eine normale Baustelle aus, und es werden auch keine T-Shirts oder Ansichtskarten verkauft, es gibt keine Händler, keine Aufregung und keine Weihe oder sonst eine Erhebung, vor der ich mich so fürchte, kein Wort, keine Schrift, kein Bild, kein Klang, nur ein paar Menschen, die ziemlich desorientiert herumlaufen, manchmal stehenbleiben und ihren Augen nicht trauen. In der wunderbarerweise verschonten kleinen St. Pauls Chapel gleich gegenüber gibt es eine Ausstellung, die ich mir dann doch anschaue. Sie ist so naiv und dilettantisch hergerichtet, daß ich ein bißchen weinen muß, wie alle anderen auch.

Clash of civilisations

Im Lift des Pei-Towers trifft man, falls es nicht Besucher sind, immer nur Leute von der New York University, denn zwei der drei Towers werden von ihr an Mitarbeiter vermietet, den dritten Tower hat die Stadt, als sie die Genehmigung zum Bau der drei Hochhäuser erteilte, Sozialwohnungen vorbehalten. Große Teile dieses südlichen Teils von Manhattan sind im Besitz der New York University, während ein großer Teil des nördlichen Manhattan der Columbia University gehört; es heißt, beide Universitäten teilten sich den *Real Estate* von halb Manhattan. So kommt es, daß in meinem Tower zu verhältnismäßig günstigen Mieten nur Doktoren, Professoren und Angestellte der New York University wohnen oder durchreisende *scholars* wie ich. Das erinnert mich ein wenig an Moskau, wie ich es in den siebziger Jahren kennengelernt habe, wo – aus ganz anderen Gründen – Künstler, Schriftsteller, Theaterleute und viele Akademiker auch in bestimmten Wohnblöcken zusammen wohnten, auf diese Weise leicht erfaßbar und leicht zu observieren. Lew Kopelew wohnte drei Türen von Jewgenja Ginsburg entfernt, unter ihnen wohnte Rudnizki vom Theaterarchiv und über ihnen der Maler Birger, und die Straße hieß *Krasnoarmeiskaja Uliza*, also Straße der Roten Armee, der Name fällt mir in New York plötzlich wieder ein. Eigentlich war es sogar praktisch, weil Kopelew, Ginzburg, Birger und die anderen Freunde doch sowieso immer zusammenhockten.

Merkwürdigerweise ist es nicht das einzige, was mich an Moskau erinnert, denn so westlich, so *busy*, so kommerzialisiert New York auch sein mag, hat man doch immer den Eindruck eines großen Chaos, dem nur mit einer geradezu archaischen Improvisation begegnet wird. Alles an dieser Stadt wirkt ungenormt, das macht ihren Charme aus, aber eben auch unordentlich, ungefähr und ungesichert, im Alltag scheint vieles, vom Türknauf bis zum Kabel, oft nur wie mit Spucke zusammengehalten, dem Osten, ja dem Balkan durchaus würdig. In der New York Times war gerade von einem Unfall zu lesen, bei dem eine Frau auf der 8th Street plötzlich mit ihrem Hund wie auf dem elektrischen Stuhl durch einen Stromschlag getötet wurde, als sie über ein defektes, mit einer Stahlplatte nur unzureichend abgedecktes Kabel lief. Natürlich wird das Kabelsystem jetzt an der kritischen Stelle, vielleicht sogar auf der ganzen Straße instand gesetzt, und irgendwer wird für den Unfall vor Gericht zitiert und muß vielleicht sogar ins Gefängnis gehen. Aber wenn man sich all die wackligen, manchmal geradezu abenteuerlichen technischen Anlagen in der Stadt, in Straßen, Treppenhäusern und Wohnungen ansieht, wirkt dieser Vorfall geradezu folgerichtig. Wie auf dem Balkan!

Im Lift bin ich auch Dennis zum ersten Mal begegnet. *Are*

you the German writer? fragte er, als er mich zur Tür von
Apartment 7 gehen sah. Er wohnt auf demselben *floor*, es
konnte ihm also nicht entgangen sein, daß hinter dieser
Tür immer *german writers* residieren. Ich sagte, *yes, I am*,
dann schüttelten wir uns die Hände und nannten uns unsere Namen. *Nice to meet you.* Er ist Informatik-Professor
an der New York University, nebenbei betreut er noch
einige Schweizer Banken bei ihren EDV-Problemen, und
ich habe ihn gleich gefragt, ob ich ihn auch einmal für
eine Notfallbehandlung meines Laptops, einer ganz alten
Krücke, die ich mir für den Aufenthalt in New York ausge-
borgt habe, rufen könnte. Erst sprechen wir englisch, dann
wechseln wir zu Deutsch, Deutsch hat er nämlich nur so
aus Spaß gelernt, eigentlich wollte er Arabisch lernen, erzählt er und lacht. Nachdem ich ihm erklärt habe, daß ich
zwar ein *German writer* bin, aber in *France* lebe, wechseln
wir zu Französisch. Und dann geben wir uns auch gleich in
unserer gemeinsamen *jewishness* zu erkennen. Aus irgend-
welchen Gründen möchten Juden immer gerne wissen, ob
sie mit einem Mitjuden oder einem Goi sprechen, und
nicht im unklaren darüber bleiben, ob ihr Gegenüber nun
jüdisch oder wenigstens irgendwie jüdisch oder eben ein
Goi ist. Dann weiß man, worauf man sich einzustellen hat.
Vielleicht ist es das Echo jahrhundertealter Anspannung
und Angst, die sofort nachlassen, wenn der andere ein,
und sei es noch so unausstehlicher, Jude ist, vielleicht ist es

37

sogar ein phylogenetischer Reflex, da sich doch Artgenossen untereinander nicht auffressen. Gleichzeitig hat das aber oft auch eine ziemlich unerträgliche, plumpe Vertrautheit zur Folge, wie sie einem zum Beispiel in jedem koscheren Restaurant der Welt, egal welcher Preisklasse, entgegenschlägt; mich jedenfalls berührt sie jedes Mal unangenehm. Ein *cartoonist* hat diese Distanzlosigkeit einmal in einer Szene eingefangen, in der eine Frau zur anderen sagt, ach so, Sie sind auch jüdisch, da hätte ich ja nicht die ganze Zeit so höflich tun müssen.

Dennis' Familie kommt aus dem Irak, wie er mir gleich noch im Flur mitteilt, und er ist mir fast um den Hals gefallen, als ich ihn daraufhin gewissermaßen als »Babylonier« erkenne, also einen, der weder aschkenasisch noch sefardisch ist, was amerikanische Juden, die sowieso selten einen Nicht-Aschkenasen zu Gesicht bekommen, einfach nicht kapieren können. Nach ihrer Meinung ist jeder, dessen Vorfahren nicht aus Osteuropa eingewandert sind, naturgemäß ein Sefarde.

Und dann habe ich Dennis auch gleich noch meinen alten Laptop vorgeführt, bei dessen Anblick er zu lachen anfing – so ein antikes Stück hatte er schon lange nicht mehr gesehen. Und noch mehr lachte er, weil ich immer *he* sagte, wenn ich vom Laptop und seinen Macken sprach, und es doch *it* heißen muß, weil er ja unbelebt ist.

Bei diesem *clash of civilisations* mußte ich an Peters ersten

Besuch in New York denken. Kaum, daß wir die DDR verlassen hatten, war er, sozusagen als authentischer Ostjude, zu einem Auftritt bei der Jahres-Gala der *Aguda Israel* nach New York eingeladen worden, und dort war es, daß er zum ersten Mal in seinem Leben überhaupt einen PC sah. Das historische Ereignis in einem Brief festgehalten:

New York, 14.April 1984

Meine Liebe,

Du mußt Dir jetzt folgendes vorstellen: Ich sitze am Schreibtisch des Chairman der Aguda, der auch noch Rabbi Sherman heißt, vor einem Bildschirm, der wie ein Fernsehapparat aussieht, und tippe mittels einer Schreibmaschinentastatur diesen Brief ein. Was ich eintippe, erscheint auf dem Bildschirm, und ich kann alle meine Tippfehler sofort korrigieren. Wenn ich mit dem Eintippen fertig bin, kann ich mir den gesamten Brief am Bildschirm noch einmal anzeigen lassen, und wenn ich mit ihm zufrieden bin, lasse ich ihn ausdrucken, stecke ihn in einen Briefumschlag und schicke ihn los. Sie nennen den Schreibfernseher PC, das ist die Abkürzung von Personal Computer. Bis jetzt habe ich in meinem Leben immer nur zimmergroße Rechner und Schränke voller Lochkarten als elektronische Datenverarbeiter gesehen. Im VEB Robotron in Dresden!

Obwohl ich ja seit meiner Ankunft in New York nun schon einiges gesehen habe, was ich vorher nur vom Hörensagen kannte, z.B. Wolkenkratzer und fromme Juden, ist das doch die größte Sensation, dieses Ding da, auf dem ich Dir gerade den Brief schreibe.

Mein Auftritt beim Annual Dinner der Aguda Israel, dem 62sten, wie überall auf großen Plakaten zu lesen ist, fand im Hilton Hotel, gleich neben dem Rockefeller Center, mitten in Manhattan statt. Wenn ich daran denke, daß wir vor vier Wochen noch in der Greifswalder Straße mit dem Kohlenanzünder rumhantierten, um den Ofen anzuwerfen, und wie Urmenschen auf Nahrungssuche gehen mußten, wenn auch nicht zum Überleben, so doch nach dem Schnittlauch, oder war's die Petersilie, für den Salat, jedenfalls das Extra, für das man nach Brecht eigentlich lebt. Also Salat und Petersilie gabs im Hilton Hotel genug und jede Menge Braten und Wein dazu, alles natürlich koscher. Ich wurde als special guest with a fascinating story vorgestellt, um nicht zu sagen vorgeführt. Dabei war ich nur ein Lückenbüßer für die russischen Juden, von denen im Moment keiner aus der Sowjetunion herausgelassen wird, was in den zahlreich folgenden Reden der Aguda-Rabbis und anderer Honoratioren immer wieder heftig von »Mister Breshnew« eingeklagt wurde.

Ein bißchen komme ich mir vor wie Gulliver im Land der Riesen, vom Stadtbild abgesehen ist auch alles Jüdische hier so groß, so üppig, so wohlhabend und so selbstverständlich, so zahlreich. Ich frage mich, ob das noch das Exil ist?

Darüber wage ich aber mit niemandem zu reden, statt dessen muß ich ja die ganze Zeit von uns und unserem Leben erzählen, *es hängt mir schon ziemlich zum Halse heraus: daß wir echte Juden sind und richtige Deutsche, daß unsere Eltern freiwillig nach Deutschland und in den Osten zurückgekehrt sind (in-cre-di-ble!), von unserer kleinen Tora-Lerngruppe mit Urs und Werner (gor-geous!) und unserer Chuppe im Hinterhof (a miracle!). Und weil sie das alles so unvorstellbar und mich offensichtlich noch viel exotischer als russische Juden fanden, wurde ich dann noch an ich weiß schon gar nicht mehr wie vielen Stellen und Orten herumgereicht, von Borough Park nach Williamsburg, von Williamsburg nach Monsey, von Monsey nach Crown Heights, und weil die Chassidim es auch nicht verpassen wollten, hatte ich noch die Ehre, bei den Belzer, Byalistoker, Novomirsker, Klausenburger und Wishnitzer Chassidim »das Wunder von Ost-Berlin« zu geben.*

Irgendwann zwischendurch habe ich mich einmal außerhalb des offiziellen Programms in die Lower East Side geschlichen, um die Straße und das Haus anzusehen, in dem meine Mutter aufgewachsen ist und nicht weit davon die Redaktion vom »German American« war, für die mein Vater gearbeitet hat.

Den Schabbes durfte ich in Brooklyn im Hause von Jehuda Munk verbringen, dessen Vater noch in der Frankfurter Hirsch-Gemeinde seine Bar Mitzwa gemacht hat und der also entsprechend gutbürgerlich deutsch eingerichtet ist und keine Plastikfolie über die weiße Tischdecke gespannt hat. Ehrlich gesagt, ich habe mich da plötzlich ganz wohl gefühlt, denn wenn das auch nicht unser Stil ist, ist es mir wenigstens vertraut, im

41

Gegensatz zu dem chaotischen Milieu der Chassidim, wo die Kinder noch nicht mal englisch sprechen. Jehuda Munk hatte mir zu Ehren lauter »Deutsche« eingeladen, alles Nachfahren der ABC-Dynastie, weißt schon – Auberbach, Bamberger, Carlebach, und sie meinten, sie müßten mir am nächsten Tag noch etwas zeigen. Ich traf sie also am Sonntag wieder, und da zeigten sie mir in einem Haus in Brooklyn ein ganzes Lager voller Bücher, deutscher Bücher. Gebetbücher, Tora-Ausgaben, Tora-Kommentare und andere rabbinische, aber auch historische Schriften, alles durcheinander und unberührt seit vielen Jahren. Das, was ich da sah, ist, wie sie mir erklärten, der Bestand aus dem Depot in Offenbach, wo die amerikanische Armee nach dem Krieg die herrenlosen Bücher zusammengetragen hat, deren Leser nun entweder ermordet oder an die verschiedensten Enden der Welt geflohen waren. Von den Nachkommen der deutschen Juden hier in Amerika liest aber keiner mehr deutsch, sagten sie und forderten mich deshalb auf, soviel von den Büchern mitzunehmen, wie ich nur tragen könne. Dann haben sie mich mit den Büchern allein gelassen, und ich habe unter den vielen, wirklich sehr interessanten Sachen eine Kiste für uns zusammengestellt. Die schicken sie uns mit dem Schiff nach Europa zurück. Es war auch ein Chumasch mit dem Kommentar von Hirsch dabei, den ich extra für Dich ausgesucht habe. Auf den Titelseiten steht:

Der Pentateuch

übersetzt und erläutert von Samson Raphael Hirsch

Rabbiner der Syn.-Gem. »Israelitische
Religionsgemeinschaft« zu Frankfurt a. M
Verlag von J. Kauffmann
Frankfurt am Main 1920

Unten eingeklebt ein Schildchen:
Buchhandlung Louis Lamm
Berlin C 2
Neue Friedrichstr. 62/63

Exlibris Stempel: Simon Friedmann,
daneben der Name in hebräischer Schreibschrift, darunter ein
Stempel: Archival-Depot Offenbach a.M.

Und darunter habe ich nun mit der Hand Deinen Namen ge-
schrieben und das Datum, April 1984, und ich bringe das Buch
gleich mit, denn die Verschiffung dauert voraussichtlich meh-
rere Wochen.
Habent sua fata libelli, oder wie das heißt.
Das ist der erste Bericht meiner amerikanischen Erlebnisse.
Jetzt drücke ich auf »drucken«, der Druckapparat, der neben
dem Tisch steht, spuckt gleich einen Blätterhaufen aus, und die
stecke ich Dir dann ins Kuvert. Eigentlich erinnert das anein-
anderhängende Lochstreifen-Papier an eine Papyrusrolle!
Bis ganz bald back in Yurop!
Dein P.

Dorfleben

Im großen und ganzen laufe ich, seit ich in New York bin, eigentlich immer hinter meiner Freundin her. Wo sie hingeht, da gehe ich auch hin. Und das gefällt mir. Wenn ich sie zu Konzerten, Proben oder Auftritten begleite, zu den eigenen oder denen ihrer Kollegen, finde ich die scheinwerferbeleuchtete Bühnenwelt wieder, die ich vor so langer Zeit verlassen habe und die mich bei jeder der seltenen Wiederbegegnungen noch immer in gleichem Maße anzieht und abstößt, ein Gefühl, das so stark ist, daß ich aus Angst, von ihm völlig überwältigt zu werden, solche Begegnungen möglichst vermeide. Das Theater duldet nämlich keine mittleren Gefühle und stößt jeden aus seinem Kreis, der es nicht als Zentrum der Welt und Quelle aller Schöpfung anbetet.

Aber hier bin ich ja nur Mitläuferin zu einer der zahlreichen Adressen und Geheimadressen der Musikszene des East Village, von denen sich einige hinter unauffälligen Türen ehemaliger Depots verbergen, wo du ganz genau wissen mußt, wo zu klingeln ist, und wenn du das weißt, bist du ein Insider. Ich fühle mich ausgesprochen *privileged*, daß ich Sanda hinter die richtigen Türen folgen darf, sie stellt mich dann ihren Kollegen vor: *My oldest friend from East Berlin*, und die finden das meistens *amazing*. Sie sind nämlich alle echte New Yorker, meistens jüdisch.

An einem Abend gibt Sanda selbst ein Konzert in *Joe's Pub*. Diese Adresse ist nicht »off«, sie gehört zum *Public Theater* nebenan, noch auf der Lafayette Street, aber schon so gut wie am Astor Place. *Joe's Pub* ist eine Art Cafébar, mit einer winzigen Bühne; so ähnlich stelle ich mir die Bar vor, in der Yvette Gilbert in Paris seinerzeit gesungen hat. Ich setze mich an einen Tisch ganz vorn und nehme wie alle einen Drink, in Wirklichkeit ist es aber nur Orangensaft. Der Raum liegt im Halbdunkel, bei Yvette Gilbert in Paris war er sicher verraucht, in New York aber ist absolutes Rauchverbot staatlich verordnet, hier ist es also völlig *clean*.

Sanda tritt mit vier Musikern auf, ist ganz in Schwarz gekleidet und singt mit einer Riesenstimme, obwohl sie doch so klein ist. Der Saal ist begeistert, alle klatschen wie verrückt, Sanda haucht *thank you, thank you!* ins Mikrofon, und ich bin schrecklich stolz auf meine Freundin und gucke mich Beifall erheischend um, als ob ich irgendeinen Anteil an ihrem Erfolg hätte.

Am nächsten Tag schleppt sie mich dann zu einem Konzert hinter einer der unauffälligen Türen im East Village, bei dem einer ihrer Kollegen die gängigen Versionen von Stücken eines sehr berühmten Jazz-Musikers, ich glaube, aus den 20er Jahren, mit den handschriftlichen Fassungen der Partituren vergleicht, die er in der Public Library gefunden hat. Leider habe ich den Namen des berühmten

Musikers noch nie gehört und kann auch die Unterschiede nicht so richtig würdigen, aber die anderen, die Insider, stellen noch viele Fragen und sagen, wie sie darüber denken, und ich nehme mir wieder einmal vor, daß ich viel mehr von Musik verstehen sollte.

Wenn Sanda keine Proben oder Konzerte hat, besuche ich sie abends in dem kleinen Häuschen in ihrer *mews*. Direkt hinter der Haustür muß man eine ganz steile Treppe hochklettern, um in ihre Gemächer zu gelangen, es ist aber nur ein Gemach und ein halbes. An diesen Abenden haben wir eine Menge Vergangenheit zu bewältigen, die Ereignisse der zurückliegenden Jahre zu besprechen, eine Epoche zu begraben, Freunde zu betrauern, Stasispitzel zu enttarnen, uns zu wundern, zu empören, zu entsetzen und natürlich Namen abzufragen, was aus dem und dem geworden ist, das wirst du nicht glauben, wo ich ihn getroffen und was ich gehört habe, was er so tut, wen er verlassen und mit wem er jetzt. Manches, was die eine noch weiß, hat die andere beim besten Willen schon längst vergessen. Viele Episoden und Wendungen unserer Leben müssen wir uns noch in den Einzelheiten erzählen, für die wir während unserer immer nur kurzen Begegnungen in den letzten 25 Jahren die Zeit nicht gefunden haben. Da, wo wir jetzt leben, kennt keiner unsere alten Freunde, und wir können mit niemandem unsere Erinnerungen an die bedrückende Zeit teilen, die wir nun versuchen wie ein beengendes, uns entstellendes Kleidungstück abzuschütteln.

Wir kommen an diesen Abenden manchmal sogar auf die Vorvergangenheiten zu sprechen, rufen uns den Ursprung unserer Freundschaft ins Gedächtnis, wie sie als Zwölfjährige aus Rumänien nach Berlin kam und unsere Eltern wünschten, daß wir uns miteinander anfreunden sollten – eine Aufforderung, der wir dann gründlich folgten, dabei mußte Sanda erst noch Deutsch lernen. Wir sprechen auch von unseren Eltern und ihren Schicksalen vor unserer Geburt, manches, aus ihrer rumänischer Zeit, höre ich überhaupt zum ersten Mal, und wir brauchen also viel Zeit um in der Gegenwart anzukommen. Deshalb sind wir dem lieben Deutschen Literaturfonds ja so dankbar, daß er uns zehn Wochen geschenkt hat.

Natürlich nimmt mich Sanda auch zum Yoga mit. Alle in New York machen jetzt Yoga und essen Organic Food. In einem Loft im 14. Stockwerk Broadway, Ecke Prince Street, der zu einem sehr komfortablen Trainingsraum umgebaut ist, liegen Matten aus und steht eine schöne, golden-rote Buddha-Statue, die sonst aber nicht weiter beachtet wird. Wir bezahlen Eintritt wie im Kino, man muß sich nicht lange anmelden oder einschreiben. Zu Beginn der Seance, nachdem sich jeder auf seiner Matte eingeschränkt hat, werden einige Verse in Hindi geschnurrt; mir wird, weil ich neu bin, eine Karte mit der lateinischen

Umschrift des Verse in großen Buchstaben vor die gefalteten Beine gelegt, damit ich mitschnurren kann. Ich entscheide innerlich, daß ich mich mit diesem Ritual nicht etwa an einem Götzendienst beteilige. Am Ende des Verses stoßen wir in tiefem Ausatmen einen sich fast bis zum Schrei anschwellenden Seufzer aus. Danach verlangt uns Heather, die Yoga-Meisterin, Übungen, Positionen und Stellungen ab, die nichts mit denen zu tun haben, die ich von meinen französischen Yoga-Seancen kenne, wo es viel gemütlicher zugeht. Hier sind selbst die Ruhepositionen so anstrengend und bewegt wie bei uns in Straßburg eine ganze Stunde, ich denke mir, es muß so eine Art Kampf-Yoga sein. Weil ich manchmal gar nicht verstehe, was gemeint ist, da ich die englischen Begriffe nicht kenne oder die amerikanische Aussprache der Position nicht verstehe, die ich sonst immer mit französischem Akzent höre, Schawahadana und Buddhimudra, gucke ich alles bei Sanda ab. Ich gebe mir wirklich große Mühe, die Beine hinter dem Kopf zu verschränken und dabei auf den Händen zu laufen, es gelingt mir leider überhaupt nicht, Heather jedoch ermutigt mich nach dem *Think-positive-*Prinzip in meinem Bemühen, *excellent!* Barbara, *wonderfull!*, sie setzt sich sogar neben mich und streicht mir die Augenbrauen zurecht, die bei mir immer so wild in der Gegend 'rumliegen.

An jedem Tag der Woche, praktisch zu jeder Tageszeit bis

spät in den Abend hinein, können all die Künstler oder Businessmenschen, die hier in der *neighbourhood* wohnen oder zu tun haben, in Heathers Yogastudio kommen, um sich ein- und aufzufalten. Heather hat das Yogastudio erst vor ein paar Jahren eröffnet, erzählt mir Sanda, und nun hat sie schon eine Handvoll Yogalehrer einstellen müssen, weil es so gut läuft.

Nach dem Yoga gehen wir meist noch mit Eva, einer deutschen Freundin von Sanda, die schon dreißig Jahre in New York lebt, eine *hot chocolate* im *Space Untitled* trinken, wo man sich in tiefe Sessel und Sofas fallen lassen kann. Dort habe ich die beiden einmal gefragt, woher nach ihrer Meinung die Energieströme kommen, die hier jeder zu fühlen behauptet. Sanda sagt, daß sie diese Ströme noch nach zehn Jahren so wie am ersten Tag empfindet; sie meint, vulkanisches Gestein und Magnetfelder seien die Ursache. Ihre Freundin dagegen glaubt, daß die Meeresströmungen und der immer kräftige Wind jene Euphorie hervorrufen, von der sie sich nach dreißig Jahren noch immer genauso durchflutet fühlt wie am Tag ihrer Ankunft, und beide beteuern durch heftiges Nicken, daß sie nie im Leben wieder in irgendeiner anderen Stadt der Welt leben könnten. Niemals.

Als ich an einem dieser Abende durch die völlig überfüllten Streets des Village in meine Residenz zurückkehre, staut sich vor einer Bar eine besonders große Menschentraube. Ein Restaurant hat gerade neu eröffnet, und an der Fassade blinkt eine hellblaue Leuchtschrift seinen Namen: *meinen* Kindernamen, mit dem mich meine Mutter rief und mit dem ich auch heute noch von mir nahestehenden Menschen genannt werde, unter dem ich Zärtlichkeiten und Scheußlichkeiten zu hören bekommen habe! Ich glaube zu träumen, es ist aber wahr – die Leuchtschrift blinkt den Namen mit allen seinen Buchstaben. Ein indisches Wort, was immer es heißen mag, erfahre ich von einem, der dort *around* hängt. Meine Mutter hatte immer gesagt, der Name sei ungarisch.

Als ich mich schlafen lege, lärmt und blinkt, leuchtet, glitzert und braust die Stadt wie am hellichten Tag weiter. Wir sind hier *definitively* nicht in Iowa.

Zwei Tage später aber steht plötzlich alles still. Es ist unfaßbar! Ruhe, Stille, kein Geräusch, kein Mensch! Thanksgiving ist ausgebrochen, ein Feiertag, der nach einer merkwürdigen Berechnung fest und beweglich zugleich ist und immer auf einen Donnerstag fällt. Jede religiöse Anspielung fehlt ihm, deshalb kann er von allen Einwanderergruppen gefeiert werden und ihnen ein Gefühl von Zusammengehörigkeit untereinander und der Identität mit dem Land geben, das sie gemeinsam bewohnen. Die Indianer und einige schwarze *activists* sehen das natürlich anders und lehnen das Fest ab.

Alles Dröhnen und Tosen hat aufgehört, das Zischen, das

Krachen, das Stimmengewirr. Laufen, Schieben, Rennen gibt es nicht mehr. Keine Sportler auf dem Dach, keine Passanten auf der Straße. Keine Jogger oder Rollerblader. Keine Preßluftbohrer oder Preßlufthämmer. Keine Bauarbeiten, nichts wird repariert.

Die Straßen sind leer, die Geschäfte geschlossen, auch die Krimskramläden und Zeitungskioske sind zu. Genau wie die Delis, die Coffeeshops, Take-aways und alle übrigen Restaurants.

Die chinesischen, asiatischen, orientalischen, französischen, italienischen, südamerikanischen, die südostmitteleuropäischen, koscheren, karibischen und afrikanischen.

Die Public Library und alle anderen *libraries*, die Universitäten, die Museen. Die Büros.

Wallstreet und Stock Exchange und alle übrigen Finanzinstitute und Banken.

Sämtliche Yoga-, Gesundheits- und Gymnastikkurse fallen aus.

Sechzig Minoritäten in 50 Sprachen und Dutzenden Religionen ruhen aus und bereiten sich auf das Truthahnessen am Abend vor, mit dem sie der Pilgrimfathers gedenken. Sanda hat für uns beide je ein Truthahnbein bereitet. So begehen wir den Feiertag.

Am Tag darauf, Freitag, beginnt der Winterschlußverkauf, *Black Friday* genannt, nicht etwa, weil er an den Schwarzen Freitag von 1929 erinnert, sondern im Gegenteil, weil er die Geschäfte bis Weihnachten in die schwarzen Zahlen bringen wird. Donnerstag hat New York einmal tief Luft geholt, und am Freitag kannst du es wieder in seiner ganzen Phrenesie und im Kaufrausch erleben.

Far Rockaway

Far Rockaway liegt auf dem schmalen Streifen, der die Jamaica Bay einschließt und vom offenen Meer trennt. Far Rockaway ist der ferne Osten der Stadt New York, dahinter beginnt Nassau County, im Stadtplan ist an dieser Stelle eine deutliche Grenzlinie eingezeichnet. Weißer Sandstrand und Möwen, die kreisen und kreischen, feiner Regen, der das überirdische Licht des blassen Tages verhängt. In der Nacht hat es zum ersten Mal geschneit. Die Strandpromenade reicht weiter als der Blick nach Osten und nach Westen. Ich kann meine Füße in den Atlantik stellen und nach Europa zurückschauen, wenn ich nur wüßte, wie ich mich richtig einzuordnen habe, damit ich nicht etwa nach Brasilien hinuntergucke.

In Far Rockaway wohnt mein Cousin Daniel mit seiner Familie, in einer der unzähligen Beach Streets, die alle durchnumeriert sind, wie es hier üblich ist. Einige von Daniels Kindern sind schon ausgezogen und leben jetzt in Israel, aber an diesem Wochenende sind zufällig alle daheim, deshalb habe ich mein Dorf und Manhattan zum ersten Mal verlassen und bin in den fernen Osten hinausgefahren, zu einem Familienbesuch. In der Woche hat Daniel keine Zeit, er arbeitet in einer Bank, ist aber nicht Banker, sondern Informatiker und muß sehr *busy* sein, wie alle Amerikaner. Mein Cousin ist ein richtiger Orthodoxer, nicht nur »light« wie ich, obwohl auch er das nicht immer war. So wie einige Juden unserer Generation, die nicht viel Sinn fanden im Judentum ihrer Eltern, das, wie Jehoschua Leibowitz es treffend ausgedrückt hat, »nur in einem Bewußtsein des Judeseins, aber nicht in der Realität des Judeseins existiert«, hat auch Daniel sich in seinen Zwanzigern zu einem Leben als *observant Jew* entschlossen. Dieser Punkt der Umkehr liegt aber auch schon lange zurück, seitdem lernt und lehrt er Tora und Talmud, und da er jeden Tag anderthalb Stunden nach Manhattan hinüber- und wieder zurückfahren muß, schläft er wenig, und das sieht man ihm auch ein bißchen an.

Nach Far Rockaway hinauszufahren, ist nämlich eine richtige kleine Reise, man muß dazu vom Penn Station die *Long Island Rail Road* nehmen. Penn Station ist eine Großstadt für sich, und alle eilen im Großstadtrhythmus, nur ich bummele wie halt eine aus dem Dorf und versuche, den richtigen Eingang zu meiner Linie zu finden. Die Stimmen, die dauernd erschallen und etwas ansagen, verstehe ich meistens nicht, weil ich die Ortsnamen und Richtungen nicht kenne, und man versteht doch nur, was man kennt.

Der Fahrkartenautomat bietet mehrere Sprachen an, in denen er mit mir kommunizieren will. Es war mir schon aufgefallen, daß die Sprachen nicht an allen Stationen dieselben sind. Manchmal ist Russisch oder Chinesisch dabei, Deutsch oder Französisch nie, Spanisch dagegen ist sowieso die zweite Landessprache. Nachdem ich Englisch als gemeinsame Sprache gewählt habe, stellt der Automat mir verschiedene einfache Fragen, wohin, wie viele Personen, einfach oder hin und zurück und ob ich minderjährig, Student, Rentner oder behindert bin. Dann fragt er mich plötzlich *Peak or Off-Peak*, und ich verstehe ihn nicht, obwohl ich doch weiß, daß sogar die Russen *tschassei pik* sagen und die Franzosen *heures de pointe*, was doch ebenfalls in die gleiche Richtung weist, und daß die höchsten Berge in den Alpen meistens *Pic de* irgendwas heißen. Alles deutet auf etwas wie Spitze hin, aber ich komme nicht darauf, alle diese Kenntnisse setzen in meinem Kopf aus. Der Automat aber will eine Antwort und zwar sofort: *Peak* oder Nicht-*Peak* ist die Frage. Hinter mir bildet sich schon eine Schlange, und ich werde ganz nervös. Bislang hatte ich immer geglaubt, Schlangestehen habe es nur im Osten gegeben, aber hier in New York muß man dauernd Schlange stehen, sogar im Restaurant, wo man dann genau wie weiland in der DDR plaziert wird. Ich muß einen der Knöpfe drücken, nachdem ich mich bis hierher durchgearbeitet habe, es scheint die letzte Frage vor dem Ausdruck des Tickets zu sein. Ich drücke auf *Peak*. Und das ist falsch. Denn es ist Sonntag, ganz großes *Off-Peak*!

Und dann weiß ich plötzlich auch, warum mein Gefühl meinen Verstand außer Kraft gesetzt hat. Es war die Erinnerung an die kindlichen Spiele meiner Söhne, jene fernen Zeiten, als sie sich noch jeden Tag rauften und gegenseitig »Pieker« und »Quieker« nannten. Der Große piekte und der Kleine quiekte. Die Tür zum Kinderzimmer war fest verschlossen, in unregelmäßigen Abständen stürzte einer der beiden mit hochrotem Kopf schreiend heraus und nach wenigen Minuten wieder hinein, hinter der wieder fest verschlossenen Tür quiekte, schrie, lachte, schnaufte, schniefte und prustete es, und am Ende erschienen beide mit roten Gesichtern, erschöpft, aber glücklich in der Küche und suchten im Kühlschrank nach Nahrung, falls die Seance nicht mit Krach und Tränen endete; das eine schloß übrigens das andere nicht aus.

Wer soll denn wissen, daß die *rush hour* hier *peak hour* heißt?

Daniel erwartet mich an der Station, die er mir vorher am Telefon genannt hat. Wir stehen uns gerührt auf dem schmalen Bahnsteig unter freiem Himmel gegenüber, ich weiß nicht, ob ich ihm die Hand entgegenstrecken soll, da die Geste im religiösen Milieu unpassend ist, aber da umarmt er mich schon, obwohl er, wie gesagt, ein richtiger orthodoxer Jude ist, und orthodoxe Juden eigentlich keine Frau umarmen, wenn es nicht ihre eigene ist. Ich bin noch mehr gerührt. Auf dem Weg zu seiner Beach Street zeigt er mir noch die *neighbourhood*. Buchstäblich an jeder Ecke gibt es eine Synagoge. Hinter der Grenze zu Nassau, in

Lawrence, erklärt er mir, ist es noch »schlimmer«, da stehen noch mehr Synagogen, Jeschiwes, Schulen, koschere Shopping Centers, es gibt sogar einen jüdischen Rettungsdienst, der am Schabbes im Notfall mit Blaulicht und Sirene durch die Straßen rast, wo ihn wegen der Schabbesruhe kein Verkehr hindert, falls sich nicht ein paar Hispanics dahin verirrt haben. Und doch ist der neue Synagogenbau in der Nacht vor seiner Einweihung abgebrannt.

Wer weiß, wie lange diese komfortable Diaspora noch dauert, sagt Daniel, und ich widerspreche ihm nicht, denn das habe ich auch schon oft gedacht. Wer weiß, wann die Stimmung umkippt. Auch in Spanien war damals eine goldene Zeit, meint er, da waren wir in die Gesellschaft integriert und anerkannt und hatten gute Stellungen und Geld und konnten sogar unsere Stimme hören lassen, ohne sie verstellen zu müssen. Solange, bis die Gojim ihren Haß wiedergefunden hatten. Sie finden ihren Haß immer wieder, weil sie selbst unglücklich sind, kommentiert er den Synagogenbrand. Denn alles deutete darauf hin, daß es Brandstiftung war, in der Nacht vor dem Simchat Tora-Fest.

Zu Hause wartet Rachel auf uns, Daniels Frau, und alle ihre Kinder, die, wie gesagt, schon erwachsen oder fast erwachsen sind. Rachels Eltern stammen aus Polen und sind über einen langen Umweg nach Amerika gekommen. Sie waren vor der deutschen Besetzung nach Osten geflüchtet, hatten ganz Rußland und den Iran durchquert und sich dann einige Jahre, ohne Erfolg, in Palästina zu etablieren versucht. Von dort wanderten sie nach Honduras weiter, da wurde Rachel geboren, bevor die ganze Familie schließlich in New York *settelte*, und hier hat sie Daniel getroffen. In der *Long Island Rail Road*.

Wir spazieren dann alle zusammen, wie eine richtige große Familie, die Beach Street zum Beach hinunter, der Strand ist hier schließlich die Attraktion. Auf dem Weg treffen wir viele Bekannte von Rachel und Daniel, denen sie mich als *Cousin from Europe* vorstellen, und sie zeigen mir noch ihre *Shul Young Israel*, die wie ein kleines Theater wirkt, mit viel blauem und rotem Samt, und die *White Shul*, die in blendend weißem Kolonialstil glänzt und von allen in der Gegend die älteste ist. Die Kinder fragen mich nach Europa aus, dort waren sie noch nie, keiner von ihnen, und sie halten es auch für unwahrscheinlich, daß sie irgendwann mal hinüberkommen, danken mir aber für meine Einladung. Wir entdecken uns als Verwandte, dabei kennen wir uns kaum. Im Sand ziehen wir unsere Verwandtschaftslinien nach und versuchen den Grad zu bestimmen. Was sind wir zueinander? Wie nennt man das? Daniels Großmutter war die Cousine meines Vaters. Ihre Väter waren Brüder. Von denen haben wir alle schon gehört. Breslau.

Diese Cousine, Eva, habe ich noch kennengelernt, als ich zum allerersten Mal in New York war. Sie wurde allgemein »Mutti« genannt, nicht nur von ihrer Tochter, sondern auch von ihrem Enkel und allen ihren Urenkeln. Es ist das einzige deutsche Wort, das bei den Nachkommen der Breslauer Familie noch herumgeistert, auch in ihren Erinnerungen sprechen sie immer noch von »Mutti«. Jetzt ist »Mutti« schon tot. Ein paar Jahre haben wir noch Briefe gewechselt. Auf deutsch. Daniel erzählt mir von ihrem Ende, und ein bißchen Deutsch verstehen kann er doch, gibt er zu, und daß er auch von Heinrich Heine gehört hat und von der Loreley. Von »Mutti« natürlich.

Weil ich nicht um Mitternacht im Dschungel der Penn Station herumirren möchte, aber auch, weil ich ein bißchen vor der Nähe und der Rührung fliehe, die mich in der wiedergefundenen Familienbindung überkommen hat, breche ich schon früh wieder mit der *Long Island Rail Road* auf. Auf der Fahrt lese ich in dem Bändchen, das mir Kathrina geschenkt hat, einer kleinen Sammlung von Gedichten Gerschom Scholems.

In alten Zeiten führten alle Bahnen
zu Gott und seinem Namen irgendwie.
Wir sind nicht fromm, wir leben im Profanen
und wo einst Gott stand, steht Melancholie.

Im Penn-Dschungel finde ich leicht meinen Weg zum A-Train, mit dem ich nur noch bis zur West 4th Street fahren muß, dann schlage ich einen Haken um den Washington Square herum, weil Sanda sagt, es sei besser, ihn nachts nicht zu durchqueren. Ich könnte noch bei ihr vorbeischauen, sie geht ohnehin erst gegen zwei zu Bett, und ihr von meiner Familie erzählen, von der sie noch nicht viel gehört hat, statt dessen aber drehe ich, weil mir mehr nach Alleinsein zumute ist, noch eine Runde durch die kleinen Streets, die Grove, die Thompson, die MacDougal, da sind die berühmten Music Clubs, und wie immer drängen sich viele Menschen auf den Trottoirs. In der Bleecker Street, ganz nahe bei meiner Residenz, befindet sich die berühmteste Bar und der älteste Rock Club des Village, in dem alle Rock-, Jazz- und Folklegenden aufgetreten sind, von denen man je gehört hat. In einem Schaukasten an der irgendwie ebenfalls schon legendären Backsteinfassade betrachte ich ausgiebig ihre Fotos, die auch schon etwas ramponiert aussehen, wie alles hier: Peter, Paul and Mary und Bob Dylan und Frank Zappa und Nina Simone und natürlich viele andere, die ich gar nicht kenne. Und weil ich sowieso schon melancholisch und ein bißchen traurig gestimmt bin, trägt die Bar den Namen *The Bitter End*.

In der Nacht habe ich dann von meinem Vater geträumt und bin aufgewacht und habe geweint. Im Traum haben wir uns hier in New York in einem Hotel getroffen und in der Lobby in zwei tiefen Sesseln gesessen und viele Kaffees getrunken und uns wie zu Hause gefühlt und über die Leute amüsiert, die da saßen oder kamen und gingen, ihnen unsere Kommentare, scharfen Beobachtungen und dummen Bemerkungen verpaßt, so wie wir es früher oft getan haben, guck mal der, sieh dir die an, hast du das gesehen. »Nur ganz oberflächliche Menschen urteilen nicht nach dem Äußeren«, pflegte mein Vater seine Leidenschaft, über andere Menschen herzuziehen, zu begründen. Erst einige Minuten, nachdem ich aufgewacht war, fiel mir wieder ein, daß mein Vater ja schon seit vielen Jahren tot ist, obwohl er im Traum so gegenwärtig war, er sprach und lachte wie immer, wie früher. Vielleicht ist das ja das Weiterleben nach dem Tod. Die Erinnerung muß immer in die Vergangenheit zurückgehen, aber die Traumerscheinungen sind Gegenwart.

Meine Residenz im Pei-Turm hätte meinem Vater sicher gut gefallen. Nicht nur, weil er sowieso immer von New York geschwärmt hat, seit er als junger Mann, in den 20er Jahren, einmal dort gewesen und mit dem Auto nach Norden hinauf gefahren war, oh, wie du über die *highways* braust!, sondern auch wegen des provisorischen und ungebundenen Charakters meines Residenzdaseins. Plötzlich verstehe ich auch das Hotel als Ort unseres Treffens im Traum. Obwohl ich schon so oft über meinen Vater, unser gemeinsames und unser getrenntes Leben nachgedacht habe, fällt es mir erst jetzt wie Schuppen von den Augen, daß mein Vater eigentlich sein ganzes Leben nur wie im Hotel verbracht hatte, unbehaust, nur mit dem versehen, was er am Leibe trug, ohne jedes Gepäck. Und nicht nur wegen des Exils. Schon als Kind hat er seine Mutter verloren, er sagte oft, ich habe meine Mutter während ihres kurzen Lebens nie außerhalb des Bettes gesehen. Zwei Jahre nach ihrem Tod ist sein einziger Bruder im Ersten Weltkrieg gefallen. Danach hat ihn sein Vater zu »Paulus« Geheeb in die Odenwaldschule geschickt, deren ungewöhnlich freie Atmosphäre ihn wahrscheinlich ein für alle Mal für ein wohlgeordnetes bürgerliches Leben verdorben habe, wie er später vermutete. Durch Freiheit für immer geschädigt, so sah er das oder redete es sich ein. Nach seinen Erzählungen jedenfalls wurden die Schüler dort von den Lehrerinnen sogar in der Liebeskunst unterrichtet. Damit wollte er wohl der Odenwaldschule, die er ansonsten sehr verehrte, die Schuld daran geben, daß er in seinem späteren Leben immer nur ein »Staatsbürger im Königreich der Frauen« geblieben ist. Liebe – Heirat – Scheidung, neue Liebe – neue Heirat – neue Scheidung, ungefähr im Zehn-Jahrestakt, und ohne daß er etwa irgendeinen Gegenstand oder Besitz von der einen Ehe in die nächste getragen hätte. In seinem ganzen Leben gab es kein einziges Stück, von dem er jemals gesagt hätte, es gehöre ihm, nicht einmal ein Buch. Nichts gehörte ihm, und er gehörte niemandem, er verzichtete auf alle Zugehörigkeiten, die zu den Juden und die zu den Deutschen, jedenfalls mochte er nicht von anderen zugeordnet werden. Auch der »Genosse« paßte ihm nicht so recht; wahrscheinlich hat ihn meine Mutter, während sie mit ihm verheiratet war, in die »Genossenschaft« gedrängt, denn als »Bürgerlicher« war er ins Exil nach England gekommen, und als Kommunist hat er es zusammen mit meiner Mutter wieder verlassen. Aber die Genossenschaftswelt war überhaupt nicht seine Welt, das merkte jeder. Deshalb mußte er sie ja manchmal so fest behaupten.

Auch seine Berufe blieben eigentlich unbestimmt, Journalist, Redakteur, Produktionsleiter beim Film, Kabarettdirektor. Die Kunst liebte er zwar, aber ohne Hingabe. Er lebte in Wohnungen, die nach dem unterschiedlichen Geschmack seiner wechselnden Frauen eingerichtet waren, ihm war das gleichgültig, so wie er die jeweiligen Frauen auch nach ihrer Wahl in die Ferien begleitete, die eine liebte das Meer, die andere wanderte gern im Gebirge, wahrscheinlich bemerkte er den Unterschied gar nicht. Seine Tochter und seinen Hund liebte er jedoch aufrichtig, die Vater- und die Herrchenrolle hat er nicht abgewiesen. Das können wir ihm nicht vorwerfen, sein Hund und ich.

Wir saßen also im Traum in der Hotelhalle und machten uns gründlich über die ganze Welt lustig, das war ja seine

Lieblingsbeschäftigung. Und er trank gerne Kaffee, er trank gerne Wein, er aß gerne gut und trug gerne gutsitzende, maßgeschneiderte Anzüge. Zu den Anproben nahm er mich manchmal mit, das war immer etwas langweilig für mich, er aber wirkte sehr engagiert, was den Sitz des Anzugs betraf. Ein Asket war er wirklich nicht. Er gab sich gerne all den Genüssen hin, die bald ausgetrunken, aufgegessen und abgetragen waren.

Was willst du denn in dem provinziellen Frankreich, sagte er, als ich aus der DDR ausreiste, losreißen mußt du dich. Gründlich losreißen. Nach Amerika mußt du gehen. Dort wirst du deinen Platz finden. In Europa bleibst du immer unzugehörig, sei es zu einer Klasse oder einer Rasse oder einem Land und seinen Gauen, seiner Geschichte und seinen Gesichtern. Geh weit weg. So weit weg wie möglich! Geh nach Amerika. Reiß dich los!

»Mutti« am Morningside Drive

»Mutti« wohnte am Morningside Drive, als ich sie damals, Anfang der 90er Jahre, besuchte, aber sie stammte, wie gesagt, aus Breslau, wie ursprünglich die ganze Familie meines Vaters, väterlicherseits. Für die mütterliche Seite, die aus Frankfurt, war das schon halb Polen, und die Heirat zwischen der Leonie aus Frankfurt und dem Georg Gabriel aus Breslau wurde entsprechend als Mesalliance angesehen.

Du mußt am Grand Central den 104er nehmen, hatte mir »Mutti« am Telefon erklärt, dann durchquerst du die Upper West Side und dann Harlem, und wenn du irgendwann die einzige Weiße im Bus bist, brauchst du dich nicht zu beunruhigen. Für den Rückweg bestelle ich dir ein Taxi.

Das Treffen war sozusagen ein »historisches«, die erste Begegnung meines Lebens mit einer leiblichen Verwandten, einer echten Cousine meines Vaters, der zu diesem Zeitpunkt schon tot war. In dem Haus, in dem ich sie besuchte, lebte »Mutti« seit dem Tage ihrer Ankunft im Jahre 1939, und zwar in genau derselben Wohnung, die ihr damals das Teachers' College der Columbia University, an dem sie dann ihr ganzes zweites, amerikanisches Leben lehrte, zur Verfügung stellte und in der sie auch bleiben konnte, als sie in Pension ging.

Auch wenn es unwahrscheinlich klingt, es hat in meinem ganzen Leben niemals Verwandte und auch keine Großeltern gegeben. Als ich Kind war, empfand ich das noch nicht einmal als ungerecht, sondern nahm es als Schicksal hin, zumal meine Freundinnen, die eine unübersehbare Zahl von Onkels und Tanten und Omas und Opas hatten, sich daran nicht eindeutig erfreuten, sondern sogar klagten, wenn sie zu langweiligen Besuchen antreten mußten, auch wenn sie Geschenke einbrachten. Die Familienangehörigen meiner Eltern waren entweder schon lange gestorben, oder sie waren aus schwer zu verstehenden Gründen aus ihrem Leben verschwunden oder daraus verbannt und hatten nur in seltenen Erzählungen eine Spur der Erinnerung hinterlassen. Da tauchten sie in einer glänzenden Unwirklichkeit als Bankiers in Frankfurt oder Juwelenhändler in Paris und Konstantinopel auf, als Ärzte und Professoren, wenn auch »außerordentliche«, denn »ordentliche« durften sie als Juden nicht werden, oder als bizarre Erscheinung wie der Cousin Hans, von dem mein Vater immer kichernd erwähnte, er habe »sein Leben als Affe beendet«. So kryptisch blieb die Überlieferung von diesem Cousin, der bis zur Nazizeit Direktor des Breslauer Zoos gewesen, aber 1934 seiner »Rasse« wegen entlassen worden war und emigrieren mußte. In England fand er dann, nach den Aussagen meines Vaters in der Nähe von Liverpool, nach »Muttis« Aussage in der Nähe von Birmingham, eine neue Anstellung als Zoodirektor und soll sein Leben eben dort als Affe beendet haben. Von »Mutti« habe ich über das Affen-Ende nichts erfahren und natürlich auch nicht gewagt, danach zu fragen. Zu dieser Zeit war sie schon in Amerika, rechnete ich mir aus. Meines Vaters Kichern hatte immer so geklungen, als ob es darüber noch viel mehr zu erzählen gäbe. Er erzählte es aber nicht.

Als »Mutti« mir die Tür öffnete, war ich erschrocken über ihre Ähnlichkeit mit meinem Vater; es war geradezu, als ob er auferstanden sei. Ich hatte ja vorher noch nie Familienähnlichkeiten in einem Gesicht gesehen.

»Mutti« hatte einen richtigen Kaffee-und-Kuchen-Tisch für uns beide gedeckt. Sie war schon sehr alt, konnte sich aber sehr gut an den Schorschel erinnern, wie sie meinen Vater, der Georg hieß, nannte, und als sie diesen Namen aussprach, war er auch mir wieder geläufig, weil sich mein Vater manchmal selbst so genannt hatte, wenn er eine Anekdote aus seiner Kinderzeit oder Jugend erzählte. Das letzte Mal hatte sie ihn in London kurz vor Kriegsausbruch gesehen, erzählte sie, bevor sie nach Amerika weitergezogen war. Besonders in Erinnerung geblieben war ihr der Schorschel aber aus einer noch früheren Zeit, als er ein Studienjahr in Breslau verbracht, im Hause ihres Vaters, also seines Onkels, gewohnt und die Familie mit seiner bohèmehaften Art schockiert hatte. Wie er sich anzog, wie er dasaß, wie er sprach, so etwas hatte ich noch nie gesehen, gehört, erlebt, erzählte »Mutti«, schließlich gehörten wir zu den besseren Kreisen der Breslauer Bourgeoisie. Das Allerschockierendste aber war, daß er aus meinem Zahnputzbecher getrunken hat, etwas Grauenhafteres konnte ich mir damals überhaupt nicht vorstellen. Wir waren schließlich hygienisch dressiert, und dabei war sein Vater doch, genau wie meiner, Arzt!

»Mutti« lachte, wir lachten beide. Was für eine lustige Geschichte. Mein Gott, setzte sie dann dazu, ich konnte ja nicht ahnen, zu was für grauenhaften Dingen wir noch ausersehen waren.

Dann holte sie das Fotoalbum heraus und klärte mich beim Durchblättern auf. Georg Gabriel, Paul, Emil, Franz, Elisabeth. Waren die Kinder von David. Und die danach kamen. Hans, Ernst, Friedrich, Georg, Toni, Eva, Hedwig. Und danach. Und wer mit wem verheiratet. Ihre Kinder. Wer wann wohin. Wer noch lebte, wer gestorben war.

Wir »Honigleute«, sagte sie, waren damals sehr miteinander verbunden, ein richtiger Clan. Und auch seitdem wir über die ganze Welt verstreut sind, haben wir immer an dieser Bindung festgehalten. Nur der Schorschel ist aus diesem Verbund völlig verschwunden, nachdem er sich nach dem Krieg hinter den Eisernen Vorhang abgesetzt hat. Keiner hat das verstehen können, wir haben oft gerätselt, welche Motive ihn wohl dazu getrieben haben. Ein bißchen Bohème macht doch noch keinen Kommunisten! Und weil wir nie wieder ein Lebenszeichen von ihm bekamen, haben wir ihn schließlich in der Formel *Nobody had heard from him ever since* begraben.

Daß die Familienbande zwischen »Mutti« und mir wieder angeknüpft werden konnten, war einer Kette unglaublicher Zufälle, aber ganz gewöhnlichen Umständen zu verdanken, wie sie in New York üblich zu sein scheinen. Die »Honigleute«, natürlich nur die älteren, die noch Deutsch lesen, waren durch ein paar Rezensionen in deutschen Zeitungen auf mein erstes Buch aufmerksam geworden, hatten es sich beschafft und in der Widmung an meinen Vater sofort den »Schorschel« wiedererkannt. Dazu traf es sich gut, daß Daniels Synagogennachbar ein Geschäftspartner von Mr. Neustadt von der »Aguda« ist, der Peter 1984 zum Annual Dinner nach York geholt und uns vorher in Berlin besucht hatte; er wiederum hatte unsere Adresse von Mr. Goldwasser zugespielt bekommen, dem wir ein paar Jahre davor in Moskau begegnet waren. So einfach ging das. Dann hatte »Mutti« mir einen Brief geschrieben, und kurze Zeit später saß ich bei ihr auf dem Sofa am Morningside Drive.

Erst erzählte sie mir die Episode mit dem Zahnputzglas und dann erst vom Schicksal ihrer Eltern, von dem mein Vater, wie von dem aller anderen, nie gesprochen hatte. Die Eltern verzichteten 1938 in Breslau zugunsten der beiden

Töchter auf das Affidavit, weil sie nur zwei von diesen Einreisedokumenten beschaffen konnten, hatten also die Töchter ausreisen lassen und waren drei Jahre später von Breslau nach Theresienstadt deportiert worden und dort gestorben. Auf welche Weise, hat »Mutti« nie erfahren; sie zog es vor, daran zu glauben, daß es auf natürliche Weise geschehen sei. Erst nach »Muttis« Tod ist das Theresienstädter Gedenkbuch erschienen, in dem ihre Namen eingetragen sind:

Honigmann, Catherine
geb. 18.11.1880
deportiert am 31.8.42
gest. Theresienstadt 26.12.42

Honigmann, Franz Josias Dr.
geb. 29.12.1869
dep. 31.8.42
gest. Theresienstadt 16.9.42

Wenn »Mutti« von ihren Eltern und Theresienstadt sprach, fiel sie ins Englische, *you know, the concentration camp*, als könnte es vielleicht eine Verwechslung geben.
Auf deutsch erzählte sie von den Treffen der ehemaligen Breslauer in New York, bei denen sie sich Fotos und Filme von der Stadt ansahen, aus der alten Zeit, als sie noch dort

leben durften, aber manchmal auch aus späterer Zeit, als sie nicht mehr dort leben durften. Einer der Nachgeborenen, eine Tochter oder ein Sohn, war auf »Spurensuche« nach Wrocław, wie die Stadt nun heißt, gegangen und hatte Fotos mitgebracht. Er hatte die alten Adressen aufgesucht, von denen die meisten nach allem, was geschehen war, seit die Juden die Stadt verlassen mußten, und der Bombardierung der »Festung Breslau« natürlich nicht mehr auffindbar waren. Das war die grausame Abrechnung einer höheren Gerechtigkeit, bemerkte »Mutti« dazu: Dafür, daß sie uns wie Vieh 'rausgetrieben haben, sind die Deutschen dann selber aus Breslau vertrieben worden.

Weißt du, setzte sie dann dazu, meine Rachsucht und meine Bitterkeit haben mit den Jahren nachgelassen, aber zu Mitleid mit meinen ehemaligen Nachbarn, die unseren Demütigungen mit steinernen Herzen zugesehen und manchmal sogar applaudiert haben, reicht es noch lange nicht. Erst, als ich einmal bei einem »Heimatabend« ein Bild unserer alten Straße und des Hauses sah, in dem ich als Kind gelebt habe, wie hoch die Bäume geworden waren, so wie das sprichwörtliche Gras, das über alles wächst und dem alles gleichgültig ist, habe ich zum ersten Mal weinen können. Vor Heimweh. Seit dem Anblick dieser hochgewachsenen Bäume vor dem Haus, in dem ich Kind war, ist meine Trauer stärker als die Bitterkeit.

Doctorow und Stifter

Die richtige Lektüre für eine Reise zu finden, ist nicht so einfach, denn Bücher, die einem lange Freund waren, verschließen sich in der Ferne auf einmal oder laufen einem weg. Irgendein Buch aber sollte mich während meiner New Yorker Residenzzeit doch begleiten. Kein deutsches oder französisches sollte es sein, hatte ich mir gedacht, sondern eines aus der angelsächsischen Kultur, möglichst amerikanisch, und am allerbesten ein New York-Buch.

Vor einiger Zeit war in deutscher Übersetzung *City of God* von E.L. Doctorow erschienen, ein Autor, mit dem ich schon eine jahrzehntelange »Affäre« habe. Sein *Buch Daniel* steht, seit es 1974 auf deutsch erschienen ist, in meinem Regal, aber gelesen habe ich es erst nach vielen Jahren der Verweigerung. Ich wohnte damals noch in Ost-Berlin, irgendein Freund hatte mir das Buch aus dem Westen mitgebracht und über die Grenze geschmuggelt. Die Freunde aus dem Westen brachten uns oft Bücher mit, allerdings nicht immer die, nach denen wir lechzten, sondern solche, die sie für unsere Aufklärung für nötig hielten. Bei Schokolade oder Alkoholika lieferten sie genau nach der Wunschliste, bei Büchern und darüber hinaus ganzen Gesellschaftsmodellen aber meinten sie besser zu wissen, mit welchen Texten und Schriften sich unser mangelnder Glaube aufrichten ließe. Ich ließ *Das Buch*

Daniel also links liegen, weil ich (wie sich später heraus-
stellte, völlig zu Unrecht) glaubte, mir schon denken zu
können, um welche Art Propaganda es sich handeln
würde, wenn der Autor den Prozeß gegen Julius und Ethel
Rosenberg beschreibt und deren Hinrichtung anklagt,
während er die Schauprozesse, falschen Anklagen und
Hinrichtungen in kommunistischen Ländern nicht für der
Rede wert hält. Deshalb boykottierte ich das Buch zwanzig Jahre lang, beließ ihm aber seinen Platz in meinem
Bücherregal, bis ich es dann doch einmal aufschlug und
sah, daß alles ganz anders war, nämlich genau das Gegenteil dessen, was ich ihm böse unterstellt hatte. *Das Buch
Daniel* erzählt von der kleinen kommunistischen Gemeinde in den USA, aus der die Rosenbergs kamen, ihrem
kleinbürgerlichen jüdischen Hintergrund in der Hester
Street, in der »ihre Politik, wie Großmamas Religion, ein
Vorgriff auf die Zukunft zum Schutz gegen das schreck-
liche Leben der Gegenwart darstellte«. Doctorow beschreibt diese kleine Welt distanziert, ironisch und doch
anteilnehmend, und am liebsten hätte ich ihm einen Ent-
schuldigungsbrief geschrieben und ihm meine neue Begei-
sterung für sein Buch mitgeteilt, wie Leser das manchmal
tun, denn seitdem ich mein Vorurteil völlig revidiert
hatte, gehört *Das Buch Daniel* zu meinen Lieblingsbü-
chern. Natürlich habe ich diesen Brief nie geschrieben,
wo hätte ich ihn auch hinschicken sollen, und das Buch

war schließlich schon dreißig Jahre zuvor in Amerika erschienen.

Inzwischen schreibt Doctorow viel dekonstruierter, so kann ich mich in *City of God* wie in der Stadt verlaufen und die Schauplätze der Handlung auf dem Stadtplan und in den Straßen aufsuchen. Es war also genau das richtige Buch am richtigen Ort und im richtigen Moment, und das sollte sich als noch wahrer herausstellen, als ich es hatte ahnen können, denn als mich Sanda fragte, was ich gerade lese, lachte sie bei meiner Antwort. Doctorow!, aber der wohnt doch in deinem Haus, er ist an der New York University als Professor für *creative writing* angestellt, wie die meisten Schriftsteller in Amerika, die an irgendeiner Universität ihr *living* haben.

So lese ich das Buch also nicht nur genau an dem Ort, an dem es geschrieben wurde, sondern der Autor ißt vielleicht gerade in einer Wohnung neben, über oder unter mir sein Sandwich, oder er telefoniert oder *watcht television* oder schreibt an seinem neuen Roman. Eine solche Einheit von Ort und Zeit und Handlung habe ich noch nie erlebt.

Geh doch einfach mal hin und mach dich mit ihm bekannt, meinte Sanda, sagst ihm, daß du auch Schriftstellerin bist.

Aber das finde ich affig. So was tue ich nicht, das ist nicht meine Art. Im Lift allerdings observiere ich seitdem die

Männer seines Alters, geboren 1931, steht in der Kurzbiographie, und frage mich, ist er's, ist er's nicht?

Und dann fällt mir in meiner Residenz plötzlich ein Band Stifter aus dem Regal entgegen. Eine Begegnung mit Adalbert Stifter in New York hätte ich nicht für möglich gehalten, aber weil das Buch doch nicht zufällig aus dem Regal gefallen sein kann, lese ich nun auf der Stelle den *Waldgänger*, die trostloseste aller Erzählungen gescheiterten Lebens, von der die deutsche Literatur so voll ist. Ich habe sie schon oft gelesen, und sie tut mir jetzt, mitten in Manhattan, genauso weh wie immer in Europa. Die Resignation und die Melancholie »unter dem klaren österreichischen Himmel« scheinen mir plötzlich sogar denen von Doctorows Helden unter dem überirdischen Licht von New York verwandt. »Jedes Ungeheure und Außerordentliche, welches sich in der Zukunft (...) vorgespiegelt hatte, war nicht eingetreten, jedes Gewöhnliche, was er von seiner Seele fernhalten wollte, war gekommen. (...) was er sonst anstrebte, erreichte er nicht, oder er erreichte es anders, als er gewollt hatte, oder er wollte es nicht mehr erreichen, denn die Dinge kehrten sich um, und was sich als groß gezeigt hatte, stand als Kleines am Wege, und das Unbeachtete schwoll an und entdeckte sich als Schwerpunkt der Dinge, um den sie sich bewegen.«

Auch wenn Stifter noch so viel vom Wald schreibt, höre

ich doch die geängstigte Stimme des hysterischen Groß-
städters, meine eigene Stimme.

Einmal wollte ich meinem ältesten Sohn das letzte Kapitel des *Waldgängers* vorlesen, um ihn von der Tiefe und
Schönheit der deutschen Literatur zu überzeugen, die er,
wie ich fand, nicht genug schätzte. Aber dann konnte ich
es nicht, weil ich, kaum daß ich die ersten Zeilen lese, immer in Tränen ausbreche. Und als er mich verständnislos
ansah, zitierte ich ihm den Satz eines wirklich abgebrüh-
ten Literaturmenschen, der gesagt hat, wer bei dieser Geschichte nicht heult, ist ein Unmensch.

Statt vorzulesen, erzählte ich ihm, wie wir, viele Jahre vor
seiner Geburt, in einem Troß von Freunden auf Stifters
Spuren gewandert waren und dessen Geburtshaus in Ober-
plan, das nun Horní Planá heißt, besichtigten und am
nächsten Tag die Russen und ihre befreundeten Armeen
in die Tschechoslowakei einmarschierten, es war nämlich
der 20. August des Jahres 1968. Sieben Tage saßen wir in
Stifters Geburtsort fest, ängstlich, ohnmächtig, empört,
und das Geld ging uns langsam aus, bevor wir über viele
Umwege, mit vielen Bussen, Bahnen, Autos, die alle völlig
planlos fuhren, irgendwie immer ein Stückchen weiter kamen, manchmal in die richtige Richtung und manchmal
in die falsche, manchmal auch im Kreis. Das einzig Geord-
nete, das es zu sehen gab, waren Panzerreihen, die sich vorwärts schoben. Wie wir sie verwünschten!

Schneesturm über Manhattan

Auf die Minute genau, wie in der *forecast* angesagt, Punkt
11 Uhr 30 hebt der Schneesturm über Manhattan an. Er
kommt vom Meer und zieht Punkt 15 Uhr 30 weiter auf
den Kontinent, auch das war genau so vorausgesagt. Ich
interessiere mich sonst nicht besonders für das Wetter,
denn in Europa ist es moderat, im Sommer nicht zu heiß,
im Winter nicht zu kalt, es regnet oft und lohnt nicht
weiter Beachtung. In New York aber spielt sich das Wetter
in so dramatischen Zuspitzungen ab, daß man es einfach
nicht ignorieren kann. Innerhalb von Minuten wechselt
eine Jahreszeit zur anderen, eben war es noch Frühling,
und schon fallen in einem gewalttätigen Einbruch rasende
Wolken und ein Schneesturm über die Stadt her. Und auf
der Straße bemerke ich, daß alle Leute sofort die passen-
den Sachen anhaben, nur ich laufe in den falschen herum;
sie kennen das eben, die brüsken Wetterumschwünge, sie
sind echte New Yorker, und neben ihrer Wohnungstür
liegt offenbar immer genau die richtige Ausrüstung parat,
passende Schuhe, Jacken, Mützen und Mäntel. Die Stadt
selber hat sich ja innerhalb von Minuten völlig verkleidet,
alle Gebäude, Straßen, Schriften und Schilder sind weiß
zugeschneit, von Schnee verdeckt, einige größere Schnee-
haufen gleiten, das sind die wenigen Autos in den hohlen
Gassen, der Schneehimmel hängt so tief, daß er die oberen

Stockwerke der Buildings abschneidet, Fußgänger schieben sich mit Mühe und gebeugt vorwärts. Ich weiß nicht, wann ich je so viel Schnee und so große Schneeflocken gesehen habe, noch finde ich es schön, aber ich ahne schon, wie nah die Wettergewalt dem Albtraum ist. Was bleibt den Bewohnern der Stadt anderes übrig, als die epileptischen Anfälle der Atmosphäre, die sie umgibt, so genau wie möglich vorauszuberechnen und anzuzeigen, und nun verstehe ich auch, warum die Amerikaner in ihren Zimmern alle so tiefe Sessel und Sofas haben. Auch ich berge mich im tiefen Kanapee meiner Residenz mit dem Buch von Doctorow.

Pünktlich mit dem Schneesturm kommt Peter. Alle Flüge fallen aus, alle Taxis kapitulieren, aber Peter steht genau zur angekündigten Zeit vor der Tür und fragt bloß, was ist denn hier schon wieder los? So ist er.

Dann geht er erst einmal einkaufen, weil er gleich sieht, daß nur ein paar leer gegessene Tüten herumliegen, er mag aber lieber einen vollen Kühlschrank und gekochte Speisen. Dann räumt er auf, das Gröbste wenigstens, schraubt hier ein bißchen, zieht da irgend etwas fest und sagt, wie sehr er sich freut, mich wiederzusehen. Was er nicht sagt, ist, wenn ich mich nicht um dich kümmern würde, würdest du völlig verkommen. Ich sage, daß ich mich auch sehr freue, ihn wiederzusehen. Was ich nicht sage, ist, du hast ja recht, wenn ich dich nicht hätte, würde ich völlig verkommen. Dann kascherisiert er die Töpfe, das Geschirr und Besteck, weil er mit Recht davon ausgeht, daß ich das bis jetzt versäumt habe, und legt eine Einkaufsliste fürs nächste an.

Sobald sich der Schneesturm gelegt hat, dränge ich hinaus, um Peter das überirdische Licht und das Village zu zeigen. Ich schleppe ihn durch die Straßen und zu den Plätzchen, die ich nun schon ganz gut kenne, am *petshop* vorbei, wo die kleinen Hundebabys unter der Rotlichtlampe wachsen, die Brownstone-Häuserzeilen entlang, die mit ihren verschneiten Vorgärtchen noch romantischer aussehen, bis zum Hudson hinüber. Peter will umkehren, er ist noch im Jetlag, die *icy winds*, die noch immer wehen, sind ihm zu schneidend und kalt, und er hat einfach keinen richtigen Wintermantel. Ich ziehe ihn in den ersten Mantel-Shop auf der Hudson Street, der mir nicht zu vornehm, aber auch nicht zu schäbig erscheint, er probiert zwei, drei Mäntel an, Wintermäntel für Männer sehen eh alle gleich aus, doch beim letzten ermutigt ihn der Verkäufer, ein *African-American*, mit dem Argument zum Kauf: *Now you look like a real Jew*, sieht mich an und erwartet von mir die Bestätigung. *Doesn't he? For 60 $! It's a mezie!* Wir nehmen ihn.

Woher das überirdische Licht kommt, hat mir Peter auch nicht erklären können. Wenn der südliche Breitengrad dafür verantwortlich sein sollte, bleibt noch die Frage, warum es hier im Sommer so heiß wie in Casablanca und im Winter kälter als in Norwegen ist. Warum der Mond, der zunächst vertikal aufgeht, sich nach einigen Stunden, gegen Mitternacht, auf den Rücken legt, weiß Peter auch nicht zu beantworten, da müsse er sich erst einmal kundig machen, sagt er, auch über das Problem, warum die Wasser des Ozeans die Wärme halten, der Sand der Wüste aber offensichtlich nicht, das ich als Zusatzfrage anbiete. Ich schlage eine Erklärung vor, die er mir einmal vor vielen Jahren gegeben hat, als ich nicht verstand, wieso das Rührei immer schon abgekühlt ist, wenn die gleichzeitig dazu geschmorten Tomaten noch so heiß sind, daß man sie nicht essen kann. Das hinge mit dem unterschiedlichen Flüssigkeitsgehalt der beiden Komponenten zusammen, hat er mir damals erklärt, wendet jetzt aber ein, daß man die Thermodynamik von Meeren und Wüsten nicht direkt von Tomaten mit Rührei ableiten könne, die thermodynamischen Vorgänge sowieso die schwierigsten Kapitel der Physik darstellten und es darüber hinaus auch schon viele Jahre her sei, daß er in Physik promoviert wurde. Während er das alles sagt, schlägt er ein bißchen die Augen zum Himmel, er könne aber in irgendeiner Bibliothek über diese Probleme nachlesen, falls ich sonst keine anderen hätte und soviel Geduld aufbringen würde, was er bezweifelt.

Im Gegensatz zu mir hat er viele Verabredungen und viel

zu erledigen in New York, nicht bei der »Aguda« diesmal, sondern Dinge, die mit seiner Arbeit im Archiv zur Geschichte der Juden in Deutschland zu tun haben, beim Leo Baeck-Institut, bei der American Jewish Historical Society und beim YIVO, dem Institute for Jewish Research, die alle gerade seit wenigen Monaten mit anderen jüdischen Forschungsinstituten in einem Center of Jewish History zusammengelegt worden sind, nicht weit von unserer Residenz, in der 16th Street, wo sie sich einen gemeinsamen Lesesaal und eine Cafeteria teilen, in der wir uns manchmal mittags treffen.

Nun bin ich nicht mehr ledig, unbehindert, unverheiratet, unbesetzt, leer. Peter stellt mich den Kollegen als *my wife* vor, manche von ihnen laden uns zum Lunch oder Dinner zu sich ein, und alle lachen über unsere Namen, weil sie finden, daß *Peter and Barbara* so uramerikanisch klingt, als seien wir ein richtiges WASP-Paar aus der guten Gegend, dessen Vorfahren mit der Mayflower gelandet sind.

Eine der Kolleginnen, eine Deutsche, bei der wir zum Dinner eingeladen sind, erzählt uns, daß sie ihre Green-Card tatsächlich bei der Lotterie gewonnen habe. Jedes Jahr werden 50 000 davon verlost; die Gewinnchance, erklärt sie uns, sei 17 zu 120, also sehr viel höher als die Chance, den Hauptgewinn bei einer normalen Lotterie zu erhaschen. Sie wohnt drüben in New Jersey, wir haben den

PATH, den *Port Authority Trans Hudson Train*, genommen, der durch den Holland Tunnel unter dem Hudson fährt und viel moderner als die Subway ist, und sehen aus ihrem Fenster, vom Kontinent aus, auf Manhattan hinüber. Wieder schiebt sich ein Schiff, so groß wie ein zehnstöckiges Haus, den Hudson hinunter. Das kann doch nicht schon wieder die *Queen Mary 2* sein.

Wenn wir von unseren Besuchen in meine Residenz zurückkehren, ist es nun schon wie Nach-Hause-Kommen, der Doorman grüßt mich als vertraute Ein- und Ausgängerin, wir tauschen einen Blick des Einverständnisses über Iowa, Peter bekommt ein extra *good evening, Sir,* und ich verstehe eigentlich nicht, wieso Céline in New York die Concièrgen vermißte, deren Rolle hier die Doormans spielen, wenn sie dazu auch statt aus der Loge hinter ihrem *frontdesk* agieren. Im Gegensatz zur Concièrge wechseln sie sich ab, mal sind es Schwarze, mal Kroaten, und sie tragen Phantasieuniformen, die nicht zuviel Uniform, aber auch nicht zu viel Phantasie ausdrücken.

Unsere provisorische Geborgenheit im Turm, die gewisse Vertrautheit, die sich auch bei Peter nach wenigen Tagen eingestellt hat, die kurze freie Bindung an die Stadt machen uns ganz glücklich, ja euphorisch – falls das nicht die Wirkung besagter Strömungen und Strahlungen oder anderer geophysikalischer oder metaphysischer Phänomene der Stadt sein sollte, die Peter leider auch nicht erklären

kann. Wir fühlen uns in einem seltenen Zustand der Aus-
geglichenheit. Sonst ist einem im Leben doch immer alles
entweder zu viel oder zu wenig, zu schwer oder zu leicht.
Zu viel Aufregung und zu viel Anstrengung und zu wenig
Ruhe. Oder zu viel Ruhe und zu wenig Anregung. Die Geborgenheit ähnelt schnell der Gefangenschaft, aber die
Freiheit wird meist teuer erkauft. Die Ungebundenheit
stürzt so leicht in Haltlosigkeit ab. Jetzt aber scheint einmal alles im rechten Maß zu sein, sogar mit einer geringen
Neigung zum Leichten. Denn wenn wir auch schon begriffen haben und uns auf unseren Wegen ständig gegenseitig
aufzählen, wie unverständlich und unerschöpflich diese
Stadt ist, bindet sie uns für ein paar Wochen, ohne uns
etwas abzufordern. Nein, sie beschenkt uns und will gar
nichts dafür wiederhaben, und schon gar nicht verlangt
sie etwa, versteht mich doch!

Moni aus Karlshorst

Die New York Times sagt, daß die Kälte sogar für New York ungewöhnlich ist. Und die Wetterberichte aller Sender sagen es auch. Null Grad Fahrenheit, das sind Minus 18 Grad Celsius. Ich muß zwei Paar Strumpfhosen übereinander anziehen und mehrere Pullover und laufe etwas schwerfällig herum. Alle echten New Yorker aber sind *comme il faut* angezogen. Nachlässig, tipptopp, exzentrisch, elegant – aber genau die richtigen Jacken, Mäntel, Stiefel, Mützen!

Wegen Kälte und Schnee befürchteten Kathrin und Kathrina, daß niemand zu meiner Lesung ins Deutsche Haus kommen wird. Sanda befürchtet es auch, sie war am Abend zuvor in einem Club, wo sehr bekannte Musiker aufgetreten sind, und da waren sie ziemlich unter sich geblieben, so gut wie kein Mensch sei gekommen, gesteht sie mir vorsichtig. Sie kann allerdings auch nicht zu meiner Lesung kommen, weil sie zu einem sehr wichtigen Konzert gehen muß. Klar.

Die Befürchtungen erfüllen sich nicht, der Abend ist »ausverkauft«, und einige Leute müssen sogar stehen. Kathrin und Kathrina sind erleichtert, denn sie wollen ja die deutsche Kultur und Literatur in Amerika verbreiten. Ich bin noch ein bißchen euphorischer, als ich es schon die ganze Zeit bin, denn ich lese zum ersten Mal aus dem

Manuskript, an dem ich noch bis zum Vormittag an dem klapprigen Laptop gearbeitet habe. Dennis hat wieder gelacht, als ich ihn fragte, ob ich für die Lesung meine Diskette an seinem Computer ausdrucken könne. O Gott, sagte er, das Wort habe ich ja schon lange nicht mehr gehört! Er meinte das Wort »Diskette« und war erstaunt, daß diese technologische Fehlentwicklung überhaupt noch existiert; die fünf Computer, die in seiner Familie herumstehen, werden schon lange mit Sticks gesichert.

Ich habe meine Seiten also im Deutschen Haus ausgedruckt, wo die Technologie noch auf europäischem Standard läuft, und kann so dem Text eine Weltpremiere in New York verschaffen. Er kommt gut an, die Leute lachen viel, das habe ich immer am liebsten, wenn sie lachen, und auch Kathrin und Kathrina hat es gefreut.

In der ersten Reihe sitzt Peter und strahlt und ist stolz auf seine Frau. Jahrelang habe ich es nicht ertragen können, daß er zu meinen Lesungen oder anderen öffentlichen Auftritten kommt, weil ich mich dabei vor ihm, wenn ich auch nicht weiß wofür, schämte. Ich habe ihm sogar verboten, zu meinen Lesungen zu erscheinen. Er hat es respektiert, vielleicht war es ihm sogar recht. Wir haben darüber nicht weiter gesprochen.

Dann stehen wir alle noch ein bißchen herum, Wein und Brezeln werden gereicht, im Vergleich mit dem Cocktail in der Maison Française eher frugal. Ich werde gefragt, ob ich später etwas über meinen New York-Aufenthalt schreibe werde. Nein, nein, natürlich nicht, antworte ich, wie denn das? Ich mache so viel *small talk* und bin so freundlich, daß mir danach beinahe der Mund weh tut.

Eine Frau unter den Gästen kommt mir seltsam bekannt vor, so etwas passiert jedoch öfters und bleibt dann unaufgeklärt. Sie lacht mir komplizenhaft zu, zuerst einfach lächelnd, dann, in dem Maße, wie sie an meinem Gesicht Erkennen abliest, immer breiter grinsend. Da kapiere ich endlich, wir fallen uns um den Hals – Moni!

Eigentlich habe ich sie an der Ähnlichkeit mit ihren Schwestern erkannt, die ich noch regelmäßig, wenn auch in großen Abständen treffe, seit Moni 1963, zwei Wochen nach dem Abitur, in den Westen geflohen ist, und zwar im Kofferraum eines amerikanischen Armeefahrzeuges, das nach dem Besatzungsstatut nicht von DDR-Grenzern kontrolliert werden durfte. Die Boys setzten sie heil und unbehelligt bei ihrer Tante in West-Berlin ab, die natürlich in Ohnmacht fiel, als Moni an der Tür klingelte und »Hallo, da bin ich« sagte. Mit dieser Flucht war Moni damals in Karlshorst zur heimlichen Heldin und für viele Wochen zum Gesprächsthema Nummer Eins geworden. Und jetzt, nach vierzig Jahren, bei den Brezeln nach meiner Lesung im Deutschen Haus, teilt sie mir als allererstes mit, es waren übrigens keine Amerikaner, es waren Franzosen. Ich bin platt. Ich kann es gar nicht fassen. Moni aus

Karlshorst! Nach vierzig Jahren sehen wir uns wieder! Franzosen also! Warum ich mir nicht die Haare färbe, fragt sie mich im selben Atemzug, dreht sich gleichzeitig in die Runde und sagt, ich hab meine neun Freundinnen mitgebracht! Jeannie und Janie und Joannie u.s.w. stellt sie sie mir vor, und noch einen Georgie dazu, wir lachen uns an in der Runde, *how do you do, nice to meet you.*

Für den nächsten Tag verabrede ich mich mit ihr im *Space Untitled* in der Greene Street, das ich zu meinem südlichen Stammlokal erkoren habe. Mein nördliches ist das *Bagel Bites* in der 8th Street, ein koscheres Restaurant, Self Service natürlich, so etwas, das sie hier »Deli« nennen. Es wirkt etwas eingeklemmt zwischen Schwarzlederstiefel-, Gay-, Lesbien-, Transsexuellen- und Sadomaso-Shops, aber die ebenfalls ganz in Schwarz gekleidete orthodoxe Kundschaft des Lokals bewegt sich völlig ungezwungen, wenn sie ihre Knischkes mit Kren verspeist, und auch jede Menge Touristen ißt dort Lachs-Bagels mit Rote-Bete-Salat.

Ich will wissen, wie es Moni seit ihrer Flucht ergangen ist, aber sie stellt erst einmal klar, daß sie nicht etwa mit einem der französischen Offiziere, die ihr zur Flucht verholfen hatten, ein Verhältnis gehabt habe, so wie sich das damals natürlich alle in Berlin-Karlshorst vorstellten, auch nicht für eine Nacht oder für einen Nachmittag. Die Franzosen hätten sie aus politischer Überzeugung rübergebracht, durch ein winziges Loch im Eisernen Vorhang, und keine Gegenleistung dafür verlangt. Ich kannte ihre Namen nicht, sagt Moni, sie kannten meinen nicht, und ich habe keinen von ihnen je wiedergesehen. Wir waren zufällig in einem Geschäft in der Stadt ins Gespräch gekommen, erzählt sie, erst haben wir ganz harmlos ein bißchen gescherzt und gelacht, dann habe ich sie direkt gefragt, würdet ihr mich mit 'rüber nehmen? Sie haben ja gesagt, sofort. Und ich habe mich von einer Minute zur anderen entschlossen, okay, dann sofort. Ich bin noch nicht einmal mehr nach Hause gefahren, um etwas zu holen, mein frisch erworbenes Abiturzeugnis etwa.

Das Abiturzeugnis hat sie dann auch nicht gebraucht, weil sie einfach ihrer Intuition als Lebenskünstlerin vertraut hat. Bei der Tante in West-Berlin ist sie nicht lange geblieben, sondern erst einmal durch die ganze Welt gereist, dann hat sie einen Italiener geheiratet und dann noch einen Italiener, nacheinander natürlich, jetzt ist sie von beiden geschieden, aber mit beiden noch freundschaftlich verbunden, denn sie haben ihr die italienische Küche mit Raffinesse beigebracht. Irgendwann ist sie in Amerika gelandet, das mußte ja so kommen, und hier bekocht sie nun große Parties mit Hunderten von Menschen. Dabei helfen ihr die neun Freundinnen und Georgie, wenn sie nicht gerade zur Lesung von Monis alter Schulfreundin aus Karlshorst ins Deutsche Haus abkommandiert werden. Und hast du jetzt wieder einen *husband* oder so etwas in der Art, frage ich sie, aber sie sagt, o Gott, nein, nie wieder *husband*! Lieber einen *lover*, in New York habe ich doch so große Auswahl! Manchmal ist es mit Liebe und Leidenschaft, und manchmal ist es *just for fun*, strahlt sie.

Offensichtlich hat sie nichts von ihrem Freiheitswillen verloren, seit sie sich vor vierzig Jahren entschloß, lieber in einen Kofferraum der französischen Besatzungsarmee zu steigen, als ihr Leben in der DDR zu vertrauern. Beim Bezahlen unserer Kaffees, natürlich lädt sie mich ein, teilt sie der Kassiererin im *Space Untitled* gleich mit, daß ich ihre Freundin aus *former East-Germany* bin und ein *famous writer*, wie sie prahlt, das kann die Kassiererin aber überhaupt nicht beeindrucken. Hier im Village gibt es lauter *writers* und *artists*, und alle sind *famous*, und dauernd kommt Robert de Niro vorbei.

Der Chossid von der 6th Street

Das gibt es hier öfters, daß sich Kirchen in Synagogen verwandeln, wie die auf der 6th Street zwischen First and Second Avenue, im East Village also, aber auch Synagogen können sich in buddhistische Tempel oder konfuzianische Kulturzentren verwandeln. Einer von Peters Kollegen vom Jewish History Center hat uns gesagt, in dieser Synagoge gehe es ganz »heimisch« zu – wie er sich ausdrückte.

Da gehen wir also hin. Der Rabbi heißt an diesem Schabbes einen *guest cantor* willkommen, und zwar einen von der berühmten *Carlebach Shul* an der 79th Street, wo man zwei Stunden Schlange stehen muß, um einen Platz zu ergattern, weil die Leute von sehr weit her kommen, um den verrückten »Carlebach-Service« zu erleben.

Schlomo Carlebach, der Gründer der Schul an der 79th Street, stammte aus der deutschen ABC-Dynastie, namentlich aus Berlin, war nach seiner Auswanderung irgendwann zum Chossid geworden und später, man kann es nicht anders sagen, zu einem Weltstar der jüdischen Musik. Er hat nämlich die langweiligen deutschen Reformchoräle seiner Herkunftskultur durch temperamentvollen osteuropäischen Klezmer im Folkstil ersetzt und nicht nur in der Synagoge, sondern auch auf Konzerten mit Bob Dylan und Joan Baez und vielen anderen gesungen, dazu Dutzende von Platten und Doppelalben mit den größten Hits seiner himmlischen Hymnen aufgenommen, die seine Fans, die zwei Stunden vor der *Carlebach Shul* anstehen, natürlich alle auswendig können. Als er 1994 starb, hinterließ er nicht nur eine untröstliche Fangemeinde, sondern auch viele Schüler.

Einer von ihnen, ein rotblonder King David-Typ, sorgt nun in der Synagoge an der 6th Street für Stimmung. Die gewohnten Gebete singt er in den schwungvollen osteuropäischen Folk-Melodien, die er von seinem Meister gelernt hat. So schwungvoll, daß er geradezu abzuheben scheint, er wirkt sogar ganz schön erleuchtet, jedenfalls auf mich, denn ich bin ja eher von der rationalistischen Art, auch wenn Peter das bezweifelt, bloß weil ich lauter und heftiger rede als er und dabei mit den Armen rumfuchtele und infolgedessen manchmal Gläser umstoße. Unser Chossid singt nicht nur, er hüpft auch dazu und tanzt, klatscht, stampft und trommelt, und der *Service*, der Gottesdienst also, dauert entsprechend lange, obwohl der Schabbes-Vormittag-Service mit Tora- und Haftora-Lesung ja schon lange genug dauert, das ist eben der Carlebach-Style. *Happy Minjan* nennen es manche. Die Leute, die hier wohl sonst eher einen klassischen Stil gewohnt sind, gucken halb befremdet und halb begeistert, einige von ihnen springen auf und tanzen oder klatschen mit, andere bleiben sitzen, und man sieht ihnen deutlich an, daß sie das alles ein bißchen übertrieben, um nicht zu sagen, meschugge finden.

Danach gibt es im *basement* der Synagoge einen Kiddusch, ein Buffet also, das man sich nach den vielen anstrengenden Stunden auch verdient hat. Auf mehreren Tischen sind alle Köstlichkeiten Osteuropas aufgehäuft, und zwar in so unvorstellbaren Mengen, daß man meinen könnte, sie sollen die Erinnerung an schlechte Zeiten in Osteuropa bannen. Warm: Tschulent, Borschtsch und Kigel, und dazu kalt: Krepplachs und Rogelachs, Hering, saure Gurken, Rote Bete, eingelegter Knoblauch und Kren. Andere Tische biegen sich unter Knischkes, Bagels, Kichlechs und allem, was die böhmische, mährische und sonstige Habsburger Küche noch an Mehlspeisen zu bieten hat, Topfen-, Mohn- und Apfelstrudel aller Art. Wir schaufeln uns davon auf unsere Plastikteller, setzen uns wie alle anderen an einen der runden Eßtische, während der Chossid nun ein »Wort« sagt. Wenn Juden zusammensitzen, geht es ja selten ohne Worte ab.

Er steigert sich in eine richtige Prophetenrede hinein, beschwört uns, die Tora sei *sweeter than honey*, fast weint er schon, und daß wir, statt uns immer gegenseitig zu streiten, zu verurteilen, zu verachten, lieben sollen. »Liebe deinen Nächsten wie dich selbst«, fleht er uns an. »Das ist die ganze Tora, der Rest ist Kommentar, hat Hillel gesagt.« Und wettert weiter: Weil die Religiösen damals in Israel säkulare Juden, die am Schabbes in ihren Autos zum Strand fuhren, mit Steinen beworfen haben, werfen die Araber jetzt Steine auf uns alle! Und nachdem eifersüchtige Rabbiner die Schriften des Maimonides verbrannten, habe Ludwig der Heilige in Paris Wagenladungen von allen nur irgendwo auffindbaren Exemplaren des Talmud verbrennen lassen. 1240! Ein un-vor-stell-ba-rer Verlust, denn da gab es noch keinen Buchdruck! »Warum wurde unser Tempel zerstört? Nicht wegen irgendwelcher Nebukadnezars oder Römer, *not at all,* sondern wegen unserer Sünden, wegen unseres grundlosen gegenseitigen Hasses! Weil wir übereinander schlecht denken, übereinander schlecht reden und uns gegenseitig schlecht behandeln! Und zwar grundlos! So steht es an mehreren Stellen im Talmud, *sinat chinam,* heißt das auf hebräisch, sinnloser Haß. Denkt daran!« wettert er, »handelt danach!«

Wahrscheinlich hat er ja sogar recht, unser Chossid. Ich finde, er könnte sich um eine Stelle als Jesaja bewerben, wenn er so wettert und fleht und immerzu wiederholt, daß unsere Tora *sweeter than honey* sei. Das viele Singen, Klatschen und Stampfen während des *Service* hat ihn offensichtlich erst richtig in Schwung gebracht. Als er mit seinem *Wort* fertig ist, rufen die Leute *Schkojach!,* was ein bekräftigender Ausdruck der Zustimmung ist. Aber man sieht allen Beteiligten an, daß sie froh sind, es hinter sich zu haben.

Viele sprechen uns jetzt an und fragen, *where do you come from*, und wir bemerken mit Genugtuung, daß Straßburg offensichtlich einen guten Klang auf der jüdischen Weltkarte hat. *Do you know Raw Schlesinger? – Of course we do!* Er gibt nämlich die Koscherstempel für die besseren französischen Weine. Daß wir *originally from Germany* kommen, erwähnen wir erst einmal nicht, weil das zu viele weitere Fragen nach sich ziehen würde, das heben wir uns lieber für eine eventuelle nähere Bekanntschaft auf. Manchmal sind wir es nämlich müde, immer wieder unsere ganze Geschichte zu erzählen, auch wenn sich hier, wegen der Berliner Herkunft von Schlomo Carlebach, ein Kreis schließen würde. Ich habe ein paar Visitenkarten eingesteckt, die ich an diesem Schabbes neben Brille, Taschentuch und Schlüssel zu tragen für nötig gehalten habe. Peter dagegen respektiert die Entscheidung von Mosche Feinstein, die das Tragen in Manhattan verbietet, und hat seinen Schlüssel an einem Schabbesgürtel befestigt, die Brille hat er auf der Nase und Papiertaschentücher gibt es wegen des Trageproblems sowieso in jeder Schul in Manhattan.

Hinterher gehen wir zufällig noch ein paar Schritte im Schnee zusammen mit dem Chossid, man sieht seinem Gesicht an, wie der erleuchtete Zustand nun in Erschöpfung übergeht. Er erzählt uns, daß er in Paris geheiratet hat, Rabbin Sitruk habe ihn und seine Frau getraut. Ob wir ihn kennen? Natürlich kennen wir ihn, er ist jetzt zum *Grand Rabbin de France* aufgestiegen. Das wußte der Chossid noch nicht. Dann trennen wir uns, er muß den Broadway hinauf und wir müssen den Broadway hinunter. *Gut Schabbes!* Alles Gute! *Kol Tuw!* Das Essen, das wir in unserer Residenz, *juste in case*, vorbereitet haben, sehen wir gar nicht an und gehen direkt zur Siesta über, von der manche Talmudisten meinen, sie sei am Schabbes Pflicht.

So entschlafen wir in die »Woche«, denn es wird ja sehr früh dunkel, und als wir aufwachen, ist schon der nächste Tag angebrochen, jedenfalls nach jüdischer Zeitrechnung. Wir improvisieren eine kurze Hawdala-Zeremonie, die die Trennung zwischen Schabbes und »Woche« markiert. Dann sammele ich Schmutzwäsche zusammen und fahre mit dem Lift ins *basement*, um eine der Waschmaschinen, die dort zur Verfügung aller Mieter stehen, mit einem *token* anzuwerfen, den ich mir vorher beim Doorman geholt habe, und während die Wäsche wäscht, gucke ich mir in der Library meine E-Mails an. Viele Grüße aus Europa.

Aufklärungen

In der New York Times ist gerade eine ganzseitige Anzeige erschienen, die zur Unterstützung der Genfer Nahost-Initiative aufruft und von einer linken Intellektuellengruppe um Michael Lerner, den Herausgeber der jüdischen Zeitschrift *Tikkun*, aufgegeben worden ist. Darin wird nicht nur erklärt, warum diese Initiative von aufgeklärten Israelis und Palästinensern vielleicht zu einem Frieden oder wenigstens zur Entspannung führen könnte, sondern du, Leser, wirst auch aufgerufen, etwas dafür zu tun. Und nicht etwa nur, indem du deine Unterschrift unter den Aufruf setzt. Nein, du könntest versuchen, die Initiative voranzubringen, indem du sie weiteren Kreisen bekannt machst und ihr mehr Aufmerksamkeit verschaffst. Sprich mit deinen Freunden, Bekannten, Kollegen, Nachbarn darüber, ruf sie an, frage, ob sie auf dem laufenden sind, lade sie ein, veranstalte Partys, um die Genfer Friedensinitiative ins Gespräch zu bringen, organisiere einen Informationsabend in deiner Wohnung, um die Dokumente zu studieren, die du da und da erhalten kannst. Genauso steht es da. In der New York Times. Und Michael Lerner ist wirklich kein naiver Spinner, sondern ein hochkarätiger Intellektueller, der Bill Clinton beraten hat.

Peter und ich wissen nicht, ob wir darüber lachen oder weinen sollen, jedenfalls sind wir schrecklich gerührt, als wir die Anzeige lesen. Es erinnert uns an die Art Demokratie, die uns die DDR immer lächerlich zu machen suchte, weil sie nicht auf der »führenden Rolle der Arbeiterklasse« und ihrer »Partei neuen Typus« oder irgendeinem anderen Quatsch basiere.

Dieselbe Art Rührung überfällt uns, wenn wir PBS anschauen, *Public Broadcasting Society,* das öffentliche Fernsehen, das es neben den vielen privaten Sendern auch noch gibt, ohne *commercials* und noch im entferntesten Winkel, im letzten Kaff der USA zu empfangen. Es verfolgt den ganzen Tag sein aufklärerisches Programm, man kann dort von früh bis spät etwas lernen, Sprache, Geschichte, Landeskunde, und wird über alle Rechte und Pflichten in den Vereinigten Staaten von Amerika informiert samt den Stellen, wo man sie notfalls einklagen und sich über alles noch gründlicher informieren kann.

So ist hier alles. Neben dem harten Wettbewerb, der notwendigen Geschäftstüchtigkeit und dem Zwang, immer *busy* und *fit* zu sein, engagiert sich jeder noch für irgendeine Sache. Wenn dich in New York jemand fragt, was machst du, und du nennst deinen Beruf, dann ist das nicht die richtige Antwort, nein, was machst du noch, neben deinem Beruf, das ist, wonach gefragt wird. Wofür engagierst du dich, in welcher Initiative setzt du dich ein, in welcher Gruppe verteidigst du welches Anliegen, kümmerst du dich um die Erhaltung eines Bauwerks oder

Spielplatzes, betreust frische Einwanderer, Waisen oder Alkoholiker, oder auch, welches Instrument spielst du, wo singst oder tanzt du, machst Theater, malst, schreibst, recherchierst die Geschichte deiner *neighbourhood*, deines Tempels, deiner Kirche oder Synagoge? Business ist das eine, die Gesellschaft in deinem Umfeld nach deinen Vorstellungen zu gestalten das andere.

Auf PBS erfahren wir zum Beispiel etwas über die *Top Ten from the National Archives*, die in einer landesweiten Abstimmung per E-Mail gewählt wurden. Die ausgewählten Dokumente werden in einer sehr feierlichen Zeremonie vorgestellt, ihre Geschichte ausgiebig nacherzählt, und die Originale sind für einige Wochen im großen Saal der *National Archives* ausgestellt, bis auf zwei, die so kostbar und fragil sind, daß sie nur an einem einzigen Tag aus ihrem vor Licht, Luftfeuchtigkeit und Dieben geschützten Raum der Öffentlichkeit zur Betrachtung anvertraut werden. Dieser einzige Tag wird der nächste Martin Luther King-Day sein, genau wie Thanksgiving ein fester und beweglicher Feiertag zugleich, der dritte Montag im Januar.

Das sind die ersten sieben der Top Ten:

Nr. 1 *Die Unabhängigkeitserklärung*

Nr. 2 *Die Verfassung*

Nr. 3 *Bill of Rights*

Endlich lernen wir, daß man die ersten zehn *amendements* zur Verfassung die Bill of Rights nennt, mit denen die

Gründerväter die individuellen Freiheiten vor einer eventuell übermächtigen Zentralmacht schützen wollten. Finden wir sehr gut.

Nr. 4 *Louisiana Purchase*

Von Peter kommentiert mit: »Bei einem Volk, das so blöd ist, daß es den besten König, den es je hatte, guillotiniert, muß man sich nicht wundern, daß es für 15 Millionen Dollar einen halben Kontinent verkauft, der seine Zukunft hätte sein können.« Wir versuchen uns vorzustellen, wie der Gang der Geschichte ausgesehen hätte, wenn Napoleon dieses riesige Gebiet, ein Drittel der heutigen USA, nicht verkauft hätte. An unserer Wut auf Frankreich merken wir, daß wir uns dort langsam so recht und schlecht zu Hause fühlen, so, wie unsere Nachsicht und Toleranz mit Deutschland der zunehmenden Entfernung entspricht.

Nr. 5 *Die Abschaffung der Sklaverei*

Nr. 6 *Die Einführung des Frauenwahlrechts*

Nr. 7 *Die Abschaffung der Rassendiskriminierung*

Die letzten drei Dokumente verpassen wir, weil Dennis an die Tür klopft. Er möchte uns einem Freund vorstellen, der gerade aus L.A. zu Besuch ist und es schrecklich interessant fände, Leute kennenzulernen, die in der DDR gelebt haben, und sie darüber auszufragen. Wir sind zu höflich, um das abzulehnen, obwohl wir viel lieber ihn oder Dennis nach Amerika und der Bill of Rights ausfragen würden. Wir hassen es, ewig DDR-Bürger bleiben zu müssen. Wir wollten diese DDR doch hinter uns lassen, warum klebt sie an uns wie Pech, darüber sind wir wütend. Wenn wir uns streiten, Peter und ich, uns Vorwürfe machen, läuft es auch immer darauf hinaus, daß wir uns gegenseitig des DDRtums, der DDR-Engstirnigkeit, der DDR-Spießigkeit oder des DDR-Vokabulars anklagen. Was weiß denn einer aus L.A. schon davon, was geht es ihn an. Dazu hängt er viel zu tief in dem tiefen Sessel, hebt zur Begrüßung viel zu lässig nur den Zeigefinger der rechten Hand, macht beim Sprechen den Mund, in dem er offensichtlich auch noch ein Kilo Kartoffeln verstaut hat, viel zu wenig auf, spricht sowieso nur Vokale aus und ähnelt im großen und ganzen dem Ami von der Westküste, wie ihn sich nur irgendein DDR-Spießer in seinen schlimmsten Albträumen vorgestellt hat.

Peter ist mit dem Schneesturm gekommen und im Schneesturm wieder abgereist. Jetzt ist es für ein paar Tage wieder Frühling, alle Leute außer mir laufen in leichten Mänteln und leichten Schuhen, als ob das normal wäre, Frühling im Dezember. Ich nehme meine ledige Rolle wieder auf. Ledig unbehindert unverheiratet unbesetzt leer. Das Bett bleibt ungemacht und das Zimmer unaufgeräumt, Essen aus der Tüte, wenig einkaufen, viel telefonieren. Viel Yoga und viel Sanda.

Wir trinken viele Tassen Tee in ihrer MacDougal, essen Sesamkringel und liegen dabei auf der Couch, verschränken unsere Beine ineinander und fragen uns immer von neuem Jahre und Namen ab, suchen Erklärungen, finden Erinnerungen.

Manches werden wir nie verstehen.

Warum sie so früh gestorben sind. Erst Klaus, dann Peter, dann Thomas. Drei Büder, die wir gut kannten.

Wir waren ihnen nah. Wir waren ihnen eng verbunden. Nicht zu jeder Zeit gleich nah und gleich eng, aber über die vielen Jahre doch wie verwandt. Die Schicksale unserer Eltern ähnelten sich auffallend: Juden, Deutsche, Exil, Rückkehr, DDR.

Warum sie aber so lange vor ihrer Zeit gestorben sind. Jeder von ihnen zu früh. Erst Klaus, dann Peter, dann Thomas.

Warum sie ihr ganzes kurzes Leben lang so unbehaust waren und es immer blieben.

Wahrscheinlich waren sie die letzten echten Bohèmiens auf der Welt.

Nicht, daß sie keinen festen Wohnsitz hatten, aber in ihren Wohnungen blieben sie uneingerichtet, Stuhl, Tisch, Plattenspieler, eine Matratze auf dem Boden als Bett. Nicht einmal viele Bücher, schon gar keine Bibliothek.

Kleider, die sie trugen, bis sie ihnen buchstäblich vom Leibe fielen. Sommers und winters dieselbe Hose – Jeans, sommers und winters dieselbe Jacke – Parka, sommers und winters dieselben Schuhe – Turnschuhe.

Warum sie so ausschweifend lebten.

Warum sie sich mit allen möglichen Mitteln zerstört haben.

Warum sie sich besinnungslos tranken.

Warum sie eigentlich auch kein Glück in der Liebe hatten, obwohl sie viele viele Affären und immer großen Erfolg bei Frauen hatten.

Denn sie sahen ungewöhnlich gut aus, einer besser als der andere, sie fielen deswegen auf und hatten dazu noch Witz und Charme.

Aber jedesmal, wenn sie sich mit einer Frau verbanden, brauchte man auf das Zerwürfnis und meist dramatische Ende nicht lange zu warten.

Drei Brüder, die lange vor ihrer Zeit gestorben sind. Das ist doch nicht normal. Das ist doch völlig verrückt.

Wir haben immer viel zusammen gelacht und herumgealbert, bis uns die Tränen über die Backen liefen.

Wenn sie die Wahl zwischen einem zu Ende gedachten Gedanken und einem Witz hatten, wählten sie immer den Witz. Denn alles, was sie taten, taten sie nie ganz im Ernst, aber richtig komisch war es auch nicht. Sie konnten sehr liebevoll und sehr bösartig sein, auch zu uns, ihren Freundinnen. Sehr zärtlich und sehr verletzend. Und man wußte vorher nie, wie sie einen behandeln würden.

Vor dem Ende ihrer unerklärlichen Tode trugen sie keine Sorge mehr um ihre Leben und auch nicht um ihre Würde. Klaus hat die letzten Wochen seines Lebens sozusagen als Untermieter in der eigenen Wohnung gewohnt, im Zimmer nebenan schlief seine Frau schon längst mit einem anderen. Sie hat nicht einmal bemerkt, daß er schon einen ganzen Tag tot war, bevor sie endlich den Arzt rief.

Das erzählt mir Sanda jetzt in New York. Ich wußte nicht, daß er noch einen Tag lang tot auf dem Sofa gelegen hatte. Dabei hatte er mir kurz vorher noch die fünfzig Mark vorbeigebracht, die ich ihm geborgt hatte in der Annahme, daß ich sie nie wiedersehen würde, denn er war völlig betrunken, als er mich um den »Fuffi« bat: »Ich bring ihn dir nächste Woche wieder, brauchst keine Angst um deinen Fuffi zu haben, ich versprech's dir!« Dazu noch ein paar Beschimpfungen und vielmals »Scheiße!« Und weil ich ihn nicht wie einen Clochard behandeln wollte, gab ich sie ihm. Den »Fuffi« habe ich tatsächlich wiedergesehen, aber Klaus, nachdem er ihn wiedergebracht hatte, nicht mehr. Als er die Treppe im Hausflur hinunterging, hielt er sich am Geländer fest, die Straße überquerte er torkelnd. Ich habe ihm aus dem Fenster nachgesehen. Bei seinem Begräbnis war ich nicht dabei. Weiß nicht mehr, warum nicht. Auch bei Peters und bei Thomas' Begräbnissen war ich nicht dabei. Da wohnte ich auch nicht mehr in Berlin.

Jetzt erzählt mir Sanda in ihrer MacDougal von den Begräbnissen unserer Freunde. Und dann schweigen wir eine Weile, was sonst selten zwischen uns vorkommt.

Lunchseminar im Remarque-Institut

Eine von Peters Kolleginnen am Center for Jewish History nimmt mich zu einem der Lunch-Seminare am Remarque-Institut mit, einer erst zehn Jahre alten Neugründung der New York University, die dem Studium der amerikanisch-europäischen Beziehungen gewidmet ist und von dem britischen Historiker Tony Judt geleitet wird. Das Institut veranstaltet Kongresse, Vorlesungen und Fachtagungen mit dem Ziel, die locker gewordenen Bindungen zwischen Amerika und Europa wieder zu festigen und mit den osteuropäischen Ländern neu anzuknüpfen. Die Mittel dafür stammen aus dem Erbe, das die berühmte Hollywood-Schauspielerin Paulette Goddard, die mit Erich Maria Remarque verheiratet war, der New York University hinterlassen hat. Außerdem versteht das Institut sich als eine Art Club, in dem die verschiedensten Leute ganz informell zusammenkommen, um ihre Ideen und Meinungen auszutauschen.

Der Ideenaustausch beginnt am Lunchbuffet, wo man schon neben dem einen oder anderen steht und mit ihm ins Gespräch kommen kann. Danach sitzen wir, etwa zwanzig Leute, um einen großen Tisch herum, auf bequemen Stühlen und Sesseln; auch der Raum, mit dicken Teppichen und schwer gerahmten Bildern an den Wänden, ähnelt mehr einem Club. Tony Judt, mit Nickelbrille,

einen knallgelben Schal über den schwarzen Pullover ge-
schwungen, präsidiert diskret, statt von einer Versamm-
lung oder Gruppierung spricht er immer von »den Leuten
in diesem Raum« und vermeidet es auch, »wir« zu sagen.
»Die Leute in diesem Raum« sind ein offener Kreis von In-
tellektuellen und Künstlern aus dem Village, Professoren,
Assistenten und Stipendiaten der New York University
aus allen möglichen Ländern.

Zuerst trägt einer aus der Runde sein *paper* vor, so daß der
anschließenden Diskussion ein gedankliches Zentrum gegeben ist und sie nicht zum Biertischgespräch über Gott
und die Welt ausartet. »Die Leute in diesem Raum« verstehen sich als Linke, die sich über ihre Position verstän-
digen, derer sie sich unsicher geworden sind: *What it means
to be on the left*, fragt der Vortragende sich und »die Leute
in diesem Raum«. Das ist die Frage, die sie hauptsächlich
zu klären wünschen, verstehe ich. So ähnlich stelle ich
mir eine Aufklärerrunde vor, wie sie damals in Paris, im
»großen Hauptquartier der Enzyklopädie« zusammenge-
kommen ist, um die Welt umzudenken und neu zu entwer-
fen. Wie soll die Welt aussehen, in der wir zu leben wünschen, fragt der Vortragende noch.

Darüber diskutieren »die Leute in diesem Raum« dann,
nicht etwa, um später irgendein Manifest zu veröffent-
lichen, sondern um der Selbstbefragung willen. »Wer sind
wir? Welche gesellschaftlichen Projekte können, sollen

wir unterstützen, wogegen müssen wir uns stellen, was bedeutet es denn noch, ein engagierter Intellektueller zu sein. Bedeutet es noch etwas? Sind wir aufrichtig?« Die »neuen Rechten« würden nur einer neuen binären Optik der 50er Jahre verfallen, während es doch gerade nicht um gut oder schlecht, sondern um das *préférable au plus détestable* gehe, wie Tony Judt, natürlich auf französisch, Raymond Aron zitiert, der, wie ich beobachte, zu neuer Anerkennung kommt, nachdem er so lange im Schatten Sartres stand. Dann diskutieren sie viel über das *Grand Narrative*, dem ich schon oft in Büchern begegnet bin, ohne ganz genau zu verstehen, was eigentlich gemeint ist. Das fehle nämlich, das *Grand Narrative*. Ich glaube, sie meinen damit eine umfassende, aber unideologische Sicht auf die Geschichte und Strukturen der Welt. Manchmal ist auch von *Master Narrative* die Rede, das ich mir als »Deutung der Welt« übersetze, denn als negatives Beispiel wird der weit verbreitete Antiamerikanismus herangezogen, dem sich »die Leute in diesem Raum« ausgesetzt fühlen und den sie zutiefst bedauern. Einer, ein Deutscher übrigens, wirft ein, schon Heidegger, ja, Heidegger, habe gesagt, daß sich in dem Problem der Europäer mit Amerika nur ihr eigenes Problem, eine Projektion ihrer Schwierigkeiten mit der Moderne ausdrücke. Er könne auch sagen, wo das bei Heidegger steht. Aber dann sagt er es doch nicht.

Nachher, beim Kaffee, stellt er sich mir vor. Er heißt Ulli und kommt aus Nordrhein-Westfalen. Nach dem Abitur, vor zwanzig Jahren, hat er sich ein *one-way-ticket* in die USA gekauft, seitdem ist er hier und hat jetzt eine Professur, an der New York University. Eine richtige mit *tenure* und allem Drum und Dran, unkündbar also. Ab nächsten Herbst wird er vielleicht nach Stanford, an die Westküste, gehen. Wir laufen nebeneinander die Treppe hinunter, diskutieren auf der Straße weiter und bleiben noch eine Stunde an der Ecke stehen, wo jeder eine andere Richtung einschlagen muß. In der Runde mit den »Leuten in diesem Raum« war ich gewissermaßen nur Gasthörer, aber jetzt fühle ich mich ausgesprochen angeregt von allem, was ich in diesen Stunden gehört und erlebt habe, fast möchte ich ihm sagen: *Allez*, denkt die Welt um, sie braucht es! Aber dann sage ich beim Abschied nur *bye-bye*, und er sagt, ich rufe dich noch mal an. Vor lauter Sympathie haben wir uns gleich geduzt.

Lower East Side Renaissance

This Shul is OUR Shul steht auf einem zerschnittenen Bettlaken, das quer über die Fassade gespannt ist, direkt unter
die Rosette. OUR in Großbuchstaben und Rot. Der Rosette fehlen ein paar Scheiben, die Fassade ist ganz schmal,
heruntergekommen, so wie alle Gebäude in der Lower
East Side.

Von Jonathan, den wir beim Kiddusch in der Synagoge an
der 6th Street getroffen haben, habe ich per E-Mail eine
Einladung zum Schabbes erhalten: *join us to another, more
»funky« little shul, that we usually go to.* Die Adresse ist
Stanton Street. In der Lower East Side, also in *walking
distance* von meiner Residenz.

Von außen sieht die Schul sonst nicht besonders *funky* aus,
nur schmal, eng, tief, eher wie ein Eisenbahnwaggon und
nicht wie ein Haus. Diese Gebäude werden *tenements* genannt, es waren die ersten Armenmietshäuser der Stadt.
Die ganze Gegend hier, wo all die Erzählungen von den
jüdischen Einwanderern aus Osteuropa spielen, die Lower
East Side, bestand ursprünglich aus solchen *tenements*,
hier sollen zu Beginn des 20. Jahrhunderts 500 000 Juden
gelebt und gearbeitet und in 225 Synagogen gebetet oder
auch nicht gebetet haben, und alle suchten so schnell wie
möglich wieder von dort wegzukommen, um Millionär
oder wenigstens wohlhabend zu werden, was einigen ja

auch gelungen ist. Die Kinder oder Enkelkinder der Einge-
wanderten zogen später in die besseren Gegenden, an die
Upper West Side oder gar die Upper East Side oder nach
Brooklyn oder gleich nach New Jersey, und jetzt sind sie
Ärzte oder Rechtsanwälte, Künstler, Professoren oder haben Kosmetikfirmen gegründet wie die kleine Esther Lau-
der oder sind wer weiß wie gescheitert. Seit den 90er Jahren allerdings, seitdem sich die Stadt insgesamt von ihrem
Niedergang erholt hat, ja geradezu wieder auferstanden
und nun auch ganz *safe* ist, kehren einige der Kinder und
Kindeskinder in die Lower East Side zurück. Jonathan
nennt es sogar eine *Jewish Renaissance*. Er gehört zu denen,
die dem Lower East Side-Schtetl, wo ihre Eltern eigentlich nur als Gefangene ihrer Herkunft und ihrer Armut
lebten, ein bißchen nachtrauern.

Dieses Auf und Ab der Geschichte spiegelt auch das
Schicksal von »OUR Shul«, die 1913 erbaut wurde, wie
groß unter der kaputten Rosette eingemeißelt steht, und
zwar von der *Kehile Bnei Jacob Anschei Brzezan*, wie da
auch steht, also der Gemeinde, oder wie sie hier sagen,
congregation der »Söhne Jacobs, der Leute aus Brzezan«.
Der Ortsname verrät schon, wo ungefähr man den Ort auf
der Landkarte suchen könnte, vor allem wenn man noch
erfährt, daß sich die »Leute von Brzezan« Anfang der 20er
Jahre mit den ehemals umliegenden Schtetln Lancut, Blu-
zow und Rymynow zu einer einzigen *congregation* vereinigt

haben. Dieser kurze historische Abriß ist auf einem einge-
rahmten Blatt innen neben dem Eingang zu lesen.

Drinnen sieht die Schul ganz schön altersschwach und
heruntergekommen aus, sozusagen wacklig auf den Bei-
nen, aber auch nicht mehr ganz richtig im Kopf, denn neben ihrem heiligsten Stück, dem Toraschrank, sind Schüs-
seln und Eimer auf dem Boden aufgestellt, um den Regen
aufzufangen, der durch das lecke Dach rinnt. Die Fresken
an der Wand darf man ruhig Volkskunst nennen, sie stellen in bunten Farben die jüdischen Monate mit ihren per-
sischen Namen und kabbalistischen Deutungen dar und
blättern in großen Fetzen ab, den elektrischen Leuchtern
fehlen die meisten Birnen. Wegen des ramponierten Zu-
stands findet der *Service*, der tägliche *Minjan* und der am
Schabbes, im Keller statt, der natürlich genauso schmal
und tief und noch dunkler ist, aber dafür regnet es wenigstens nicht herein.

Dem desolaten, ja, abbruchreifen Zustand werden jetzt die
Tatkraft und der Enthusiasmus der »Leute von Brzezan«
entgegengesetzt, die sich in einem langwierigen Prozeß
durch alle Instanzen die Schul als »OUR Shul« erstritten
haben, und zwar gegen den Rabbiner, der dieser kleinen
Gemeinde über dreißig Jahre vorstand. Der Rabbi hatte
Manhattans Verfall mit ansehen müssen, wie die Puertori-
caner und die Chinesen kamen und Synagogen zu buddhi-
stischen Tempeln oder Warendepots umfunktioniert wur-

111

den oder einfach in sich selbst zusammenfielen. *There's nobody left*, verkündete er, als in den neunziger Jahren die Immobilienpreise wieder stiegen, und verkaufte die Schul, als ob sie sein Eigentum wäre, und zwar hinter dem Rükken seiner Gemeinde, der er kein Sterbenswörtchen von diesem Deal mitteilte. Er wollte das Geld noch nicht einmal in seiner eigenen Tasche verschwinden lassen, erzählt mir Jonathan, nur die Schul loswerden und den Erlös an andere jüdische Organisationen verteilen, wie er vor Gericht aussagte.

Die Gerichte aber erklärten den Verkauf für illegal, Jonathan und seine Freunde, die sich *activists* nennen, haben den Prozeß gegen ihren Rabbi haushoch gewonnen, und das war dann der Moment, als sie das Bettlaken unter die Rosette hingen: *This Shul is OUR Shul*. OUR groß und rot. Dann bildeten sie ein *board* zur Selbstverwaltung und fingen an, in der Schul aufzuräumen, zu putzen, zu wischen und zu reparieren. Das Aufräumen mußt du dir aber nicht so einfach vorstellen, erklärt mir Jonathan, denn wenn du irgendein völlig kaputtes Stück ausrangieren willst, mußt du es sehr weit wegtragen, damit es nicht einer von den alten Brzezanern wiederbringt und klagt, warum muß denn gerade das weggeworfen werden!

Beim State Departement of Parks, Recreations and Historic Preservation hat das Board schon den Eintrag der Schul ins Register der denkmalgeschützten Gebäude erreicht, was zahlreiche Subventionen zur Folge hat, mit denen dieses Stück Volksarchitektur und Volkskunst gerettet und das lecke Dach in einer ersten Notfallbehandlung repariert werden kann.

Jonathan und seine Mitstreiter liegen ausgesprochen im Trend. Sie sind sogar Trendsetter, denn inzwischen ist Lower Manhattan wieder ganz groß herausgekommen. Außer den Juden sind auch viele andere zurückgekehrt, solche, die man *young professionals* nennt, sie haben Geschäfte, Restaurants und Yoga-Clubs eröffnet, Büros und Wohnungen hergerichtet und sind hier wieder eingezogen. Es sollen jetzt wieder ungefähr 53 000 Juden in der Lower East Side leben, meint Jonathan, »und OUR Shul ist das Symbol ihrer Renaissance und wir sind die Avantgarde«.

Und so sehen die »Leute von Brzezan« beim Freitagabend-Service dann auch aus: Natives und Newcomer, Village Bohème und schwarze Anzüge. Ein sehr breites Spektrum von der, sagen wir, klassischen Orthodoxie in Schwarz über die modern Orthodoxen im hellen Jackett bis zur Bohème im bunten Pullover, aber auch ein Chassid in voller Montur und mit Schläfenlocken fehlt nicht, er muß über die Brücke aus Williamsburg, wo die Chassidim wohnen, mindestens eine halbe Stunde herübergelaufen sein. Da sitzen einige ganz Alte, die noch aus Brzezan stammen müssen, und Holocaust Survivers, die erst nach dem Krieg herübergekommen sind, neben jungen Künstlern aus dem Village, *middleaged* Anwälten oder Ärzten und Angestellten der Stadt, die Pressesprecherin von Mayor Bloomberg soll auch dabei sein. Ich höre Englisch, Jiddisch, aber auch Spanisch. Diese sehr ungewöhnliche Mischung der verschiedensten Juden aller Arten und Gattungen ist es nämlich, die die Schul »funky« macht. Und weil dazu noch alles eng und provisorisch ist, nennen sie es »Shtiebel style«.

Laut der Einladung von Jonathan sollte der *Morning Service* am Schabbes um neun Uhr beginnen. Doch als ich in meiner deutschen Art und wie es mir Peter antrainiert hat, um Punkt neun in der Schul erscheine, ist noch kein Mensch weit und breit zu sehen. Außer Abie. Und wegen der Begegnung mit Abie lohnt sich die Pünktlichkeit. Abie ist noch ein echter Brzezaner. Sein wahres Alter kennt er nicht, oder behauptet das wenigstens; vielleicht so *sechsinneinzig*, sagt er. Englisch spricht er sowieso nicht, dafür ist er in all den Jahren, wie mir später die anderen erzählen, bis heute bei Regen und Schnee, bei Wind und Hitze jeden Morgen um 6 zur Stelle gewesen, um die Schul aufzuschließen und *potatoniks* und Kaffee vorzubereiten. Abie empfängt mich, als sei auch ich eine echte Brzezanerin, zieht mich auf einen Stuhl, setzt sich daneben und redet jiddisch auf mich ein. Schon gestern abend haben wir so kommuniziert, er auf jiddisch, ich auf *deitsch*, irgendwie verstehen wir uns dann schon. Ich nicke immer mit dem Kopf, erstens aus Höflichkeit, und zweitens kann ich mir die Lebensgeschichte, die er mir erzählt, in großen Teilen zusammenreimen. Mit zehn ist er mit seiner Mutter aus Polen nach Amerika gekommen, es muß so 1917 gewesen sein oder 1920, genau weiß er das nicht mehr, und seitdem hat er immer in der Lower East Side gelebt, ist nicht Millionär und auch nicht Professor und nicht mal irgendwo Angestellter geworden, hat dafür aber jeden Morgen die Schul aufgeschlossen, Kaffee und Potatoniks vorbereitet und in einer Ecke der Schul den Leuten dazu noch die Haare geschnitten. Gereist ist er seit 1917 oder 1920 nicht wieder. Nicht mal nach New Jersey.

Langsam trudeln die »Leute von Brzezan« ein, der *Service* geht los im Eisenbahnwaggon, das Pult vorne, auf dem die Tora gelesen wird, zieht als Lokomotive, dann kommt ein langes Männerabteil, dann, durch einen dezenten, buntbestickten Gazevorhang getrennt, die Frauen im hinteren Abteil, wo auch der Kühlschrank steht. Trotz der bunten Mischung versteht sich die Gemeinde als orthodox, keines der Gebete wird abgekürzt und auch nicht etwa in der Landessprache gelesen, die Trennung von Männern und Frauen ist durch den Gazevorhang beim *Service* eingehalten, und Frauen werden nicht zur Tora aufgerufen. Sonst würde auch der Chassid aus Williamsburg nicht hier beten und der Rabbi, der jetzt ab und zu einspringt und schließ-

lich eine Reputation zu verlieren hat, nicht extra aus
Monsey, N.Y., einer sehr orthodoxen Adresse, anreisen.
Einen festen Rabbiner können sich die »Leute von Brzezan« noch nicht leisten, denn alle nur möglichen Depart-
ments der Stadt und des Staates subventionieren zwar die
Erhaltung der Volkskunst, die Trennung von Kirche und
Staat aber wird peinlich eingehalten, Gehälter für Rabbiner müssen die Gemeinden schon selber aufbringen.
Nach dem *Davnen* gibt es, wie in der 6th Street und fast
überall auf der Welt, einen Kiddusch. Das Wort *davnen*,
unter aschkenasischen Juden gebräuchlich für beten, ist
unklarer Herkunft, niemand weiß woher und wann es sich
in die Umgangssprache eingeschlichen hat, und kein
etymologisches Wörterbuch kann es erklären. Bei den
»Leuten von Brzezan« besteht der Kiddusch aber nicht in
einem Buffet wie in der Synagoge in der 6th Street, sondern wir setzen uns an Tische, von denen die Gebetbücher
und verschiedene Tora-Ausgaben weggeräumt werden,
der trennende Gazevorhang ist aufgezogen, nun wird sozusagen ein Speisewagen angehängt. Aus dem Kühlschrank
werden Rote Bete und weißer Rettichsalat, gefillter Fisch
und von der elektrischen Heizplatte der Tschulent ser-
viert, alles wieder in Mengen, die selbst für amerikanische
Verhältnisse übermäßig sind. Zwischen den Gängen, also
zwischen Tschulent und noch mehr Tschulent, wird wieder ein *Wort* gesagt, eine kleine Betrachtung und Ausle-

gung des Wochenabschnitts, der heute »Wajischlach«
heißt und vom Kampf Jakobs mit dem Engel handelt und
wie er von diesem in Israel umgenannt wird, »der mit Gott
ringt«. Das gibt natürlich viel Auslegung her. Das *Wort*
spricht eine Frau, die ich nach ihrem Aussehen der Village
Bohème zuordnen und nach ihrem Auftreten eine verrückte Nudel nennen würde, aber was sie, von verschiedenen Kommentaren ausgehend, sagt, hat Hand und Fuß,
alle hören aufmerksam zu, nicken mit den Köpfen, auch
der Rabbi aus Monsey und der Chossid, und stellen noch
ein paar Fragen und diskutieren über den Engel, den Namen und über das »Ich lasse dich nicht, du habest mich
denn gesegnet«. Dann essen wir weiter, wir haben ja noch
gar nicht damit aufgehört. Plötzlich steht einer von den
alten Brzezanern auf und singt, brüllt, bellt zuerst die
Hatikwa, die israelische Nationalhymne, und danach *God
Bless America*. Die Nummer macht er jeden Schabbes,
erklärt man mir, alle lachen und klatschen und rufen
Schkojach!
Noch ein Höhepunkt steht uns bevor. Benny, der zweit-
älteste der »Leute von Brzezan« und Präsident der *congregation*, wird in dieser Woche 89 Jahre alt. Zur Feier hat einer der zahlreichen Künstler der Gemeinde ein Porträt des
verehrten Präsidenten gestaltet, und zwar als Halbrelief
aus gehackter Leber. Es sieht ihm frappierend ähnlich. Ein
Werk in der Art des Archimboldo, nur daß außer der ge-

hackten Leber auch die Oliven, sauren Gurken und Mohrrüben für Augen, Nase, Mund und Schnurrbart echt sind. Alle finden, daß die Wahl der Materialien sehr passend ist, weil Benny sein Leben lang Fleischer war. Der Künstler bedauert in einer kurzen Ansprache nur, daß die gehackte Leber, die er ansonsten als Material sehr reizvoll findet, naturgemäß keine lange Lebensdauer hat, und sowohl er als auch der geehrte Benny müssen nun mit ansehen, wie das Kunstwerk wenige Minuten nach seiner Enthüllung in den Mündern und Mägen der begeisterten »Leute von Brzezan« verschwindet, Auge um Auge, Backe um Backe. Vorher hat der Künstler es natürlich fotografiert. Der sehr verehrte Benny drückt dann seinen Dank und seine Rührung mit den Worten aus: Möge die Erinnerung an das Gehackte-Leber-Werk nie vergehen und der heilige Moment seines Verzehrs in den Herzen der Getreuen unserer »Schul der Söhne Jacobs, der Leute von Brzezan« für immer weiterglühen.

Amen.

Washington Heights

Wer aber das Ende der deutsch-jüdischen Symbiose, oder
was immer es denn gewesen ist, sehen will, der muß nach
Washington Heights fahren. Dort hofft niemand mehr auf
eine Renaissance. Da gibt es nur noch das Ende und nicht
einmal einen Abschied.

Es gab eine Zeit, da wurde die Gegend wegen der vielen
deutschen Juden, die dort lebten, »Viertes Reich« oder
»Frankfurt on the Hudson« genannt. Schon seit dem Anfang des 20. Jahrhunderts oder noch vorher waren sie in
diese nördliche *neighbourhood* Manhattans gezogen. Deshalb stehen dort auch so viele in prächtigem Nudelmeier
oder maurischem Stil erbaute Synagogen, die den Haupt-
postämtern und Hauptbahnhöfen des deutschen Kaiser-
reichs zum Verwechseln ähnlich sehen. In eine davon, die
Hebrew Tabernacle Synagogue and Congregation, habe ich
eine überraschende Einladung erhalten. Ihr Rabbiner, Joel
Berkowitz, hat mich angerufen und gebeten, die von ihm
betreuten deutschen Damen doch einmal bei ihrem hei-
ligen Kaffee-und-Kuchen-Nachmittag zu besuchen, es
würde ihnen bestimmt Freude bereiten, mich kennenzulernen und mit mir deutsch sprechen zu können. Kenntnis
von meiner Residenz und Telefonnummer hatte er von
seiner Freundin in Paris, die eine Freundin meiner Freundin aus Straßburg ist. Zwar wußte ich von dieser *connection*

nichts, aber inzwischen wundert mich hier gar nichts mehr. Daß die Welt ein Dorf ist, beweist sich in New York irgendwie noch schlüssiger als an jedem anderen Ort der Welt. Auf dem Weg zum Yoga habe ich eines Tages, mitten auf dem Broadway, der *packed* mit Menschen war wie immer, meinen Kindernamen rufen gehört, so wie er auch über der indischen Bar im Village leuchtet. Ich glaubte mich verhört zu haben, schließlich hört man auf dem Broadway alles mögliche. Aber nein, noch einmal, mein Kindername, he, hallo, laut und kräftig. Es klang nicht indisch, es klang berlinerisch, diesmal drehte ich mich zu dem Rufer um. Es war Andy. Andy aus Berlin, aus der Zeit, als wir immer die Zahnbürste bei uns trugen. Jetzt lebe er in Amsterdam, sagte er. Kurzer Lebensabriß. Ruf mich doch an. Nein, morgen fahr ich schon ab. Schade. Na, dann mach's gut. Mach's auch gut. Tschüs! Tschüs!

Wo gibt's denn so was!

Der Rabbi Berkowitz ist, wie sein Name verrät, nicht gerade deutsch-jüdischer Herkunft und versteht auch kein Deutsch, nur ein bißchen Jiddisch, das er von seinen Großeltern aufgeschnappt hat, deshalb verspricht er sich so viel von meinem Besuch; schließlich sei ich doch, so wie all die Damen (und sehr wenigen Herren) seiner Gemeinde, eine echte deutsche Jüdin, von denen es doch nicht mehr viele auf der Welt gebe, denn die Nachkommen seien entweder nicht mehr deutsch oder nicht mehr

jüdisch. Natürlich habe ich zugesagt, warum sollte ich ab-
lehnen, bin mit dem A-Train bis zur 181th Street gefahren
und dann zur Fort Washington Avenue hinuntergegan-
gen. Vom Fort, das einmal dort stand und die Engländer
glücklich abgewehrt hat, ist nichts mehr zu sehen. Aber
der »Tempel« ist zu sehen. Und nicht nur einer. Bei den
Anhängern der Reformbewegung heißt die Synagoge
Tempel, bei den Orthodoxen Schul. Schon in diesen Be-
nennungen drückt sich der ganze Unterschied zwischen
den beiden Richtungen aus. Die Reformer neigen mehr zu
Paulus: »Der Buchstabe tötet, der Geist macht lebendig«,
während die Orthodoxen weiter an der Schriftauslegung
festhalten, über die schon Justinian im Jahre 553, natürlich abfällig, bemerkte, »die Juden interpretieren wie die
Verrückten«. Ich kann übrigens bestätigen, daß sie das immer noch tun, und gebe auch zu, daß ich mich selbst mit
großem Interesse daran beteilige, während mich das zere-
monielle Getue in einer Reformgemeinde zu Tode langweilt.

Rabbi Berkowitz führt mir sein Prachtstück vor. Am
Schabbes geht es dort mit Orgel und Choral, ganz wie damals zu Hause in Deutschland zu, und sowieso sieht eigentlich alles genau wie in der protestantischen Kirche
aus. Der Kaffee-und-Kuchen-Raum ist nicht ganz so erhe-
bend, ein praktischer Mehrzweckraum im *basement*, ohne
Fenster, aber an eine Küche angeschlossen. Die Damen

sitzen an Vierertischen und sind so zwischen siebzig und achtzig, ich rechne mir aus, daß die meisten *child-survivors* des Holocaust sein müssen, und frage mich, wo ihre Männer sind. Sind sie schon tot? Sind die Frauen alle geschieden? Waren sie nie verheiratet? Rabbi Berkowitz stellt mich kurz vor und hält mich dann an, mich an einen der Tische dazuzusetzen, einfach ans Eck, und später an andere Tische zu wechseln, um ins Gespräch zu kommen. Das tue ich also, wir rücken alle ein bißchen herum, ich beginne meine Konversation, auf deutsch, sage, daß ich nach dem Krieg in Berlin geboren bin, meine Mutter aber aus Wien und mein Vater aus Frankfurt stammen, und frage, aus welchen deutschen Orten sie kämen. Aus Zwickau, sagt die eine, aus Hannover die andere, aus Landau die dritte, die Frau mir gegenüber sagt, aus Würzburg. Aber deutsch sprechen sie nicht. Sie sprechen die ganze Zeit, wenn auch mit starkem Akzent, englisch. Ich frage, ob es ihnen lieber wäre, wenn wir englisch sprächen. Nein, nein, das sei schon in Ordnung, ich solle nur weiter deutsch reden, sie aber sprächen lieber englisch. Ich bin ein bißchen verlegen und weiß nicht so recht weiter, da sie auch keine besondere Neugier oder irgendein Interesse zeigen, mir weder Frage stellen noch etwas sagen oder bemerken, sondern nur am Streuselkuchen knabbern. Ich greife zur Allzwecklösung. Unter Frauen kann man doch immer von den Kindern sprechen, denke ich. Also frage ich sie, ob denn ihre Kinder noch deutsch sprechen oder verstehen und sich überhaupt für die deutsche Herkunft interessieren. Pause. Streuselkuchenknabbern, Schweigen, das zu lange dauert. Die Frau aus Zwickau neben mir sagt, ich habe keine Kinder. Die Frau aus Hannover sagt, ich habe auch keine Kinder. Die dritte, aus Landau, sagt, ich habe auch keine Kinder. Die Frau aus Würzburg, mir gegenüber, sagt, sie habe einen Sohn, deutsch spreche er aber nicht und Deutschland interessiere ihn nicht. Pause. Knabbern. Schweigen, das noch länger dauert. Ich möchte in den Erdboden versinken. Offensichtlich bin ich direkt ins Fettnäpfchen getreten. Das konnte ich doch nicht ahnen, das hätte er mir vorher sagen müssen, der Rabbi Berkowitz, daß in seiner *congregation* die Frauen alle keine Kinder haben. Nachher, als ich ihn zur Rede stelle, warum er mich in die Falle laufen lassen hat, erklärt er mir, sie seien eben alle als Kinder oder Jugendliche hierher gekommen, hätten meistens die Eltern im Holocaust verloren, sich ganz allein in dem fremden Land durchbeißen müssen, vielleicht habe ihr Mut dann nicht mehr zum Kinderkriegen gereicht. Das kann er aber auch nur vermuten, denn keine der Frauen hat sich ihm bisher anvertraut. Er ist auch erst seit drei Jahren Rabbi dieser *congregation*.

Jetzt möchten die alten Damen Brigde spielen, sie fragen mich, ob ich mitspiele. Leider kann ich nicht Bridge spielen. Achselzucken. Der Streuselkuchen ist aufgegessen,

jetzt ist Brigde der nächste Programmpunkt. Ich bin hier
völlig fehl am Platze, denn deutsch sprechen mögen sie ja
auch nicht. Ich verabschiede mich, was soll ich machen,
ich bin wütend auf den Rabbi Berkowitz. Es war eine ganz
schlechte Idee von ihm, mich hierher einzuladen.

Um mich zu beruhigen, würde ich gerne ein Stück laufen,
weiß aber nicht, ob man Harlem zu Fuß durchqueren kann
oder ob das gefährlich ist, auch wenn es jetzt immer heißt,
New York sei einer der *safesten* Städte der Welt. Sanda
sagt, sie fühle sich hier sicherer als in Berlin. Aber vielleicht muß man sich in Harlem doch ein bißchen besser
auskennen als ich. Ich möchte wenigstens noch zum Hudson hinunterlaufen, aber ich finde den Übergang nicht,
wo und wie den Highway überqueren, verliere den Mut
und kehre resigniert zur Subway-Station zurück. An der
4th Street steige ich aus, eine Station früher, um in der
Library der New York University noch meine E-Mails anzusehen.

Um diese Zeit, am frühen Abend, sind fast alle Computer
besetzt, ich muß ein bißchen suchen und kann mir meine
Nachbarn nicht auswählen. Neben mir sitzen zwei Stu-
dentinnen und gackern und reden viel, laut und – deutsch.
Ich muß unbedingt verhindern, daß sie sehen, daß auch
ich deutsch lese und schreibe. Heute möchte ich mich auf
gar keinen Fall noch einmal als Deutsche zu erkennen geben.

Weihnachten und Chanukka

Bis zur zweiten Hälfte meiner Residenzzeit habe ich noch kein einziges Museum besucht, keinen Fuß nach Midtown gesetzt und auch den Central Park noch nicht betreten. Vielleicht verbringe ich meine Residenzzeit ein bißchen zu forciert in der Beschränkung auf mein magisches Dreieck zwischen Deutschem Haus, Maison Française, koscherer Mensa, der Arbeit am klapprigen Laptop, Sanda in der MacDougal und der Lower East Side Renaissance. Aber zu Hause, in Straßburg, gehe ich ja auch nichts besichtigen, nur wenn Besuch anreist, führe ich ihn zum Münster, weise darauf hin, daß Goethe bei seinem Anblick vor Glück in Tränen ausgebrochen ist, und blicke meinem Gast dabei fest ins Auge.

Schon dieser kleine Zirkel meiner Betrachtungen von New York ist ja unerschöpflich. Ich aber bin leider nicht unerschöpflich. Nebenbei muß ich ja noch Träumen und Erinnerungen standhalten, und manchmal fürchte ich sogar, mich in meinem ledigen Leben in Manhattan ein bißchen aufzulösen. Aber das ist kein rauschhafter Zustand, trotz der Euphorie, die ihn begleitet und die hier, wie Sanda sagt, auch nie aufhören soll; es ist so ein Gefühl, zugleich aufzufliegen und unterzugehen, jedoch ohne dabei den Verstand zu verlieren. Ich spüre die Versuchung, mich jetzt entweder ganz fallen zu lassen oder viel mehr auf Distanz zu gehen. Beides ist aber nicht meine Art, ich möchte gern versuchen, das gefährdete Gleichgewicht zu halten und ein Beobachter zu bleiben, der trotz allem etwas sieht.

An den Touristen, die sich jetzt noch mehr drängen, als sie es sowieso schon tun, merkt man, daß es hart auf Weihnachten zugeht. Ich höre viel Deutsch und viel Französisch auf dem Broadway, auch in den kleinen Straßen des Village und um den Washington Square herum. Dieses Jahr fallen Weihnachten und Chanukka zusammen, und deshalb ist überall, wo ein Weihnachstbaum ist, auch eine Chanukkea aufgestellt. Eines neben dem anderen. Auch in der Lobby meines Pei-Towers hat der Doorman beides aufgebaut, natürlich mit elektrischen Birnen, und in dieser Doppelung tauchen sie in den Lobbies aller Buildings, in den Auslagen aller Geschäfte, in Kaufhäusern, Restaurants und Kneipen und auf vielen öffentlichen Plätzen auf. *Happy Christmas! Happy Hannukah! Happy Hannukah! Happy Christmas!* Die Bar Thompson, Ecke 3th Street wünscht in einer sehr bunten Festdekoration neben *Happy Christmas!* und *Happy Hanukkah!* auch noch *Happy Kwanzaa!* Die New York Times erklärt mir, daß Kwanzaa ein Fest ist, das seit einiger Zeit von den Afro-Amerikanern zu dieser Jahreszeit gefeiert wird, und zwar ähnlich wie Chanukka sieben Tage lang; auf der Leserbriefseite,

die ich auch jeden Tag studiere, wird es von einer afro-
amerikanischen Leserin jedoch als völliger Unsinn ab-
qualifiziert, weil es in Afrika gar nicht bekannt sei und nur
als hilfloses Konstrukt einer *african-american identity* erscheine, die es, jedenfalls so vereinfachend, gar nicht
gebe.

Angesichts der zahllosen Chanukkeas allerdings kann
man feststellen, daß die Zeit gründlich vergangen ist, da
man sein Judesein verstecken mußte oder sich gerade
noch als Stadtneurotiker ein Plätzchen in der Gesellschaft
ergattern konnte. Heute ist es *hip* und *cool* und *in*, Jude zu
sein und das auch stolz zu zeigen. Woody Allan und das
jiddische Mamme-Problem sind überhaupt nicht mehr ak-
tuell. Jüdische Rapper und jüdische Supermänner treten
jetzt auf. Das *Time Out Magazine*, die New Yorker Stadtzei-
tung, hat dem Phänomen gerade erst eine Titelstory und
das Titelbild gewidmet.

Es fing 2003 mit dem Film *The Hebrew Hammer* an, einer
Action Comedy, in der ein jüdischer Super- oder Batman
mit Sonnenbrille und langem schwarzem Ledermantel,
richtig *powerfull sexy*, gegen den Sohn des Weihnachts-
mannes kämpfen muß. Es knallt, bumst, rumst und wird
mit Autos gerast, und kein schwieriger Sohn guckt über
einen dicken Brillenrand. Natürlich ist es trotzdem zum
Lachen. Die hippen stolzen neuen Juden nennen sich jetzt
heeb, ein Anagramm des früher geläufigen antisemitischen

Schimpfwortes »hebe«, so wie sich viele Schwarze ja auch mit neuem Selbstbewußtsein selbst »Nigger« nennen. Eine Zeitschrift namens *Heeb* gibt es auch schon seit ein paar Jahren, für die alles streng verpönt ist, was nur irgendwie nach jüdischer Folklore, jüdischer Tradition oder Holocaust-Erinnerungskultur aussehen könnte.

Mit den zahlreichen Touristen ist auch Ruben angereist, der längst kein »Quieker« mehr ist, sondern Student und Ferien hat. Er ist viel unterwegs, denn er muß seine Straßburger Freunde besuchen, die hier entweder an der Jeschiwa *Chaim Berlin* oder an der *Yeshiva University* studieren, und ihnen die Päckchen und Tüten ihrer Mütter bringen, vor allem den koscheren Käse, den er am Drug and Food Office vorbeischmuggeln mußte, weil die Einfuhr von Lebensmitteln in die USA ja streng verboten ist. In New York gibt es zwar koscheres Wasser und koscheres Salz, aber koscheren Käse, der den Namen Käse verdient, gibt es nicht.

Mit der Ankunft meines Sohnes hat mich die Beunruhigung wieder eingeholt, die wohl keiner Mutter erspart bleibt. Wieder gebe ich mein unbehindertes unbesetztes leeres lediges Leben auf, diesmal, um mich übergangslos, im gleichen Moment, in dem mein Sohn zur Tür hereinkommt, in der Mutterrolle wiederzufinden. Eine Sekunde, bevor er eintritt, ruht mein Blick noch auf der Höhe der Türklinke, um sich dann schnell mehrere Köpfe darüber zu heben, wenn er tatsächlich ins Zimmer tritt, mich um vieles überragend. Und genauso geht es mir mit seinen Freunden, den Studenten an den verschiedenen Universitäten. Schließlich kenne ich sie, seit sie bei uns auf dem Teppich herumkrabbelten, dann saßen und die jeweils aktuellen Spiele spielten, dann wieder auf dem Teppich lagen und lasen oder Musik hörten, dann hinter einer fest geschlossenen Tür wahrscheinlich wahnsinnig wichtige Probleme besprachen, und dann standen plötzlich irgendwann riesige Kerle in der Wohnung herum und erkundigten sich interessiert nach meiner Arbeit und meinen Reisen, oder wir besprachen die Weltpolitik oder die unseres Straßburger »Schtetls«. Und noch immer sehe ich ihre niedlichen Kindergesichter, dabei sind sie jetzt die *frenchies* in New York und werden wohl auch hier *setteln*, auch wenn sie ein bißchen unter sich bleiben, so ist das hier mit den *communities*.

Jedenfalls zieht Ruben nun mit ihnen durch die Stadt. Einmal sind sie auch nach Williamsburg zu den Chassiden hinausgefahren, wo alles auf jiddisch geschrieben ist und alle jiddisch reden, aber sie hätten sich dort völlig fremd gefühlt, erzählt Ruben, und ihre Kippas abgenommen, um lieber für Gojim als für »andersartige« Juden gehalten zu werden.

Abends kommt er natürlich sehr spät, wenn ich schon lange im Bett liege, nach Hause, aber einschlafen kann ich erst, wenn sich der Schlüssel im Schloß dreht und ich die vertrauten Geräusche höre, die niemals verabredeten Zeichen, plumps, bums – ein Schuh fällt, plumps, bums – der zweite Schuh fällt, Kühlschranktür, Klospülung, Zimmertür zu.

Ruben bringt Nachrichten von Atze mit, die nicht gut sind. Atze ist unserer Katze und schon 16 Jahre alt. Sie bewegt sich nur noch ganz schwerfällig, den Sprung auf den Tisch schafft sie schon lange nicht mehr, aber nun muß er sie sogar aufs Bett heben, berichtet er. Ich habe ein schrecklich schlechtes Gewissen, ich kann sie ja nicht einmal anrufen, um ihr zu sagen, daß ich viel an sie denke und daß ich bald wiederkomme, daß alles gut werden wird. Leider wissen wir, daß das nicht stimmt, und ich nehme an, auch die Katze weiß es, denn schon seit einer Weile zieht sie sich den ganzen Tag unters Bett zurück und starrt vor sich hin, und wenn sie sich doch mal zum Freßnapf aufrafft, verfehlt sie den Weg und bumst gegen die Wand, weil sie vom Flur zu früh in Richtung Küche abbiegt. Offensichtlich kann sie nicht mehr richtig sehen oder ist verwirrt im Kopf, oder beides.

Ich schlage Ruben deshalb einen Spaziergang zum Pet's Kaufhaus am Union Square vor. Dort suchen wir lange ein schönes Geschenk für Atze aus, das er ihr mitbringen soll, mit dem wir uns in Wirklichkeit aber über ihren nahen Tod trösten wollen.

Auf dem Union Square ist gerade Markt, eigentlich ein ganz normaler Bauernmarkt, wie man ihn nicht unbedingt mitten in Manhattan vermuten würde, aber wir sind hier halt im »Dorf«. Das Gemüse ist wie alles hier größer und dicker und in riesigen Mengen ausgebreitet, Riesenzwiebeln, Riesenkartoffeln, Riesentomaten und Riesenrettiche, und an einem Stand gibt es Katzengras und zwar nichts anderes, nur Katzengras, und nicht wie auf unserem Straßburger Markt in kleinen Töpfchen, die neben dem Obst und Gemüse mitverkauft werden, sondern in allen Größen und Ausmaßen, von Töpfchen und Topf bis Becken und Wanne voll. Um den Stand herum ist eine Art *Walk of Fame* installiert, der die verschiedensten Katzen, alle mit Namen versehen, Kitty und Baby und Pussy, auf Fotos vor, in, neben und auf den Töpfen und Wannen zeigt, das grüne Zeug betrachtend, es futternd, sich darin versteckend oder glücklich schlafend. Wir bleiben lange davor stehen und schauen uns alle Pussies und Kitties ganz genau an, aber dann kaufen wir am Stand gegenüber eine Tüte süße Kartoffeln für unseren Lunch.

Eine Chanukkea haben wir in meiner Residenz natürlich nicht, die improvisieren wir halt. Ich klebe die Kerzen, jeden Tag eine mehr, einfach mit Wachs auf einen großen Teller, bunte Kerzen, die ich unten im Supermarkt gleich im abgezählten 44er Chanukkeah Candle Pack gekauft habe, so daß sie bis zum letzten Tag reichen. Wenn wir zu Hause in Straßburg die Kerzen auf unserer Chanukkea anzünden, guckt mich Peter jedes Jahr wieder verzweifelt an, weil er sich nicht mehr erinnern kann, in welcher Reihenfolge sie aufgesteckt und angezündet werden. Obwohl es darüber im Talmud, wie immer, reichlich Diskussionen gibt und manche Kommentatoren meinen, es reiche überhaupt, eine einzige Kerze anzuzünden, hat sich seit etwa tausend Jahren die Regel nach Hillel durchgesetzt: von rechts aufstecken, von links anzünden. Aber Peter kann sich das einfach nicht merken, und ich muß ihn jedes Jahr neu belehren, denn merkwürdigerweise, wenn ich einmal etwas vom halachischen Regelwerk gelernt oder auch nur aufgeschnappt habe, kann ich es beim besten Willen nicht mehr vergessen. Deswegen meide ich halachische Belehrung, wo ich kann.

Ruben und ich beobachten mit Respekt, daß der Doorman unten im Haus jeden Tag genau die richtige Zahl elektrischer Kerzen und genau von der richtigen Seite, nach Hillel, anzündet. Ich hingegen setze mich über Hillel hinweg und entwerfe eine Kerzen-Installation, indem ich die bunten Kerzen auf dem Teller in ungeordneter Reihung zu einer Art Wald aufbaue. Wenn sie dann herunterbrennen, bleiben Wachsflatschen zurück, so daß ein bunt flackernder Lichtersee entsteht, und mit jedem Tag, an dem ich neue Kerzen dazustecke, werden die Wachshaufen größer, wachsen sich zu richtigen Burgen aus. Am letzten Tag ist meine Installation natürlich am schönsten, neun Lichter leuchten, flackern und tropfen bunt. Ruben findet, ich könnte dieses Feuer-Werk, mit einem kryptischen Titel aufgeladen, sehr gut in einem Jüdischen Museum oder besser gleich auf der Biennale in Venedig zeigen.

Die »verrückte Nudel«, die ich bei den »Leuten von Brzezan« in OUR Shul kennengelernt habe, hat uns zu einer Chanukka-Party eingeladen. Das Verrückteste stellt sich erst dort heraus: Wir hätten uns nämlich von Anfang an treffen sollen – sie hatte meine Telefonnummer und ich hatte ihre! Und zwar von einer anderen, einer Pariser verrückten Nudel, die uns beide in New York zusammenbringen wollte. Wir hatten bis jetzt nur noch keinen Gebrauch von den Nummern gemacht – sie nicht, weil sie wahrscheinlich zu *busy* war, und ich nicht, weil ich es albern fand zu sagen, hallo, ich komme aus Straßburg, und unsere gemeinsame Freundin, die verrückte Nudel aus Paris, hat gesagt, wir sollen uns anfreunden. Doch dann kam es, wie es in New York offensichtlich immer kommen muß: Wir trafen bei den »Leuten von Brzezan« zusammen, und jetzt, auf ihrer Chanukka-Party, als wir so über dies und das sprechen, fällt es uns wie Schuppen von den Augen: Ja, wir sind die Telefonnummern, die wir gegenseitig anrufen sollten! Was für ein Zufall!

Das Essen ist vegetarisch, erstens, weil die verrückte Nudel, so wie viele hier, die koscher essen, auch noch Vegetarierin ist, und zweitens, weil sie in der winzigen Küche nicht auch noch »fleischiges« Geschirr unterbringen könnte. Von den »Leuten aus Brzezan« sind hauptsächlich die mit den bunten Pullovern da, dazu noch ein paar andere, die sich durch ihren Look als »modern orthodox« zu erkennen geben. Als sie zu Beginn der Feierlichkeiten die Chanukkakerzen anzündet, setzt sich die verrückte Nudel für diese heilige Handlung eine Art Badehaube auf, die in Grün-Gelb-Rosa changiert und mir schon am Schabbes in der Schul großen Eindruck gemacht hat, als sie ihr *Wort* vortrug. Dann singen wir alle zusammen »Moaus Zur«, die sogenannte Chanukkahymne, »Zuflucht, meiner Hilfe Hort«, wie es im Gebetbuch meiner Großmutter umständlich übersetzt ist. Diese Hymne wird offensichtlich überall auf der Welt nach derselben marschliedartigen Melodie gesungen, von der das jüdische Lexikon mitteilt, das sie auf ein deutsches Volkslied zurückgeht und auch Luther zu einem Choral angeregt hat.

Früher nur ein Nebenfest, hat Chanukka seit der Gründung des Staates Israel als sozusagen zionistisches Fest eine steile Karriere erlebt. Sogar der Präsident der Vereinigten Staaten hat heute im Weißen Haus eine Menora entzündet und gemeinsam mit einem Chor junger Hebräer »Moaus Zur« gesungen, genau wie einige andere Gouverneure und Bürgermeister von Staaten und Städten mit großem jüdischen Bevölkerungsanteil; das haben wir vorhin noch im Fernsehen gesehen und fanden es ein bißchen peinlich. Wenn man bedenkt, daß die amerikanischen Universitäten, Harvard allen voran, noch bis tief in die 50er Jahre auf eine strenge Judenquote achteten, ist es natürlich eine erstaunliche Wendung der Dinge.

Nach der Hymne kommt der gemütliche Teil, eine Party eben, essen, trinken, sitzen, herumstehen, reden (aber natürlich nicht rauchen). Die bunten Pullover sind alle sehr links eingestellt, mir sind sie sogar ein bißchen zu links, ich fühle mich Welten von ihrer revolutionären Restromantik entfernt, vom Osten wissen sie gar nichts. Wie alle New Yorker, die ich getroffen habe, und auch die, die ich nicht getroffen habe, hassen sie natürlich Bush, der sich deswegen auch nie in New York blicken läßt. Sie gehen auf alle Demos, und wenn sie nicht gerade die letzte auswerten, bereiten sie die nächste vor.

Mein Nachbar in der Runde, der mir gerade einen *herb tea* mit Zimtgeschmack reicht und dazu einen Chanukkapfannkuchen, erzählt mir aber von seinen Gedichten, und ich muß ihm gestehen, daß ich noch nie in meinem Leben ein Gedicht geschrieben habe, obwohl mich die verrückte Nudel ja als *writer* vorgestellt hat. Also trage ich ihm meine kleine Theorie über das Dreiecksverhältnis von Poesie, Prosa und Drama vor: daß nämlich die meisten

Schriftsteller immer nur in zwei der drei Gattungen ihren Ausdruck finden und so gut wie nie in allen dreien. Goethe ist die Ausnahme, der dazu ja auch noch gezeichnet und geforscht hat. Mein Nachbar stimmt mir zu, das gelte für amerikanische Autoren auch. Wir diskutieren weiter über die Verschiedenheit der Gattungen und tauschen Namen von Autoren und Titel von Büchern aus, und als ich dann, in meiner vielleicht etwas zu deutschen Art, direkter nach seinem Leben frage, stellt sich heraus, daß er sich zwar als Dichter und Literat versteht, im Hauptberuf aber ein Heim für Behinderte leitet, und es ist deutlich, er möchte viel lieber wieder über Gedichte reden. Wir sind hier eben im Village. Wir sind alle Künstler. Gerade jetzt, wo die Boutiquen kommen oder schon da sind. Und der Besitzer deines Lofts dir ein Vermögen bietet, mit dem du dir ein hübsches Häuschen in New Jersey kaufen könntest, damit du auszieht. Du ziehst aber nicht aus, weil du ja im Village wohnen bleiben möchtest und ein Mieterschutzgesetz auf deiner Seite hast, über das sich der Landlord nur grün und blau ärgern kann.

Ein anderer Mann in der Runde fällt mir auf, weil er die ganze Zeit nur nett lächelt, aber nie etwas sagt. Sein Pullover ist bunt, und alles, was er sonst anhat, noch ausgebeulter als üblich, er sieht geradezu ein bißchen schäbig aus, doch daraus läßt sich hier noch lange nicht ableiten, ob es sich nun um einen marginalen Looser oder einen etablierten Künstler oder Professor handelt. Und dabei halten sie in New York sogar noch auf einen gewissen Chic, von dem an der Westküste dann ganz und gar nichts mehr übrig bleibt. Dort kannst du in der hochmodernen und immer pünktlichen U-Bahn namens *Bay Area Rapid Transit* den Penner buchstäblich nicht vom Millionär unterscheiden. Ich glaube, der Anblick so ungepflegter, ihr Äußeres völlig vernachlässigender, aber ansonsten gut etablierter Menschen hat mich genauso schockiert wie »Mutti« damals in Breslau der Anblick meines Vaters, als er aus ihrem Zahnputzglas trank.

Beim Abschied erfahren wir von meiner neuen Freundin dann, daß der schweigsame Typ mit dem schäbigen Aussehen ein äußerst erfolgreicher Maler ist, mehrere Immobilien besitzt und das offizielle Porträt von Clinton fürs Weiße Haus gemalt hat. Uns bleibt die Spucke weg, denn es hätte nicht viel gefehlt und wir hätten ihm, natürlich anonym, eine kleine Spende hinterlassen.

The Writers' Room

Mit der »verrückten Nudel« treffe ich mich nun öfters. Sie heißt Rivka und ist eigentlich Europäerin, ihr Vater war vor dem Krieg Rabbiner in Wien, später in England. Wir haben uns also viel zu erzählen, und sie schenkt mir ihr Buch *The Lamp of God. A Jewish Book of Light*.

Zum Schreiben geht sie an einen Ort, der *The Writers' Room* heißt und den ich in ihrer Begleitung besichtigen darf, wenn auch auf Zehenspitzen. Dort hat sie ihre *Lamp of God* verfaßt, aber auch andere Schriften, zum Beispiel über C.G. Jung. Der *Writers' Room* liegt im zwölften Stock eines großen Buildings Broadway, Ecke 8th Street und wird hauptsächlich von den Kultur-Departments der Stadt und des Staates New York sowie einem »National Endowment of the Arts« finanziert. Die Einrichtung nennt sich auch *An Urban Writers' Colony*, ist also eine Art Worpswede in einem New Yorker Loft, der sehr intelligent mit lauter gegeneinander verschränkten Büro-Ecken, sie sehen auch ein bißchen wie Marktstände aus, zum Schreibort hergerichtet ist.

Da sitzen lauter Writers und können ganz in Ruhe an ihrem Laptop oder in ihre Kladde schreiben oder in die Luft gucken und nachdenken, jedenfalls herrscht eine kreative Atmosphäre, das merkt man gleich, wenn man zur Tür hereinkommt. Jeder hat eine Art Nest, in das er sich zum Ausbrüten seiner Werke einnisten kann, wenn er einen nicht sehr hohen Jahres- oder Halbjahresbeitrag als *Member* der *Colony* zahlt. In einem anderen Raum stehen Sessel und Sofas, in denen man kreativ herumhängen oder lesen und diskutieren kann, und eine Bibliothek, in der kein wichtiges Wörterbuch, Nachschlagewerk, keine Zeitung oder Zeitschrift, die nur irgendeine Bedeutung in den USA hat, fehlt. Außerdem kann man sich in der Küche treffen, um sich einen Kaffee oder Tee zu kochen oder sein Lunchpaket auszupacken und ein bißchen mit den Kollegen zu quatschen. Aber leise. Zum Telefonieren gibt es einen Extraraum, dort wird gebeten, die Tür fest zu schließen, denn im eigentlichen *Writers' Room* herrscht, wie gesagt, angeregte Stille. Öffnungszeiten kennt der *Writers' Room* nicht, er ist sieben Tage in der Woche zu jeder Tages- und Nachtzeit geöffnet, niemand muß auf die Uhr sehen, wann immer er dichten gehen möchte oder muß. Meine neue Freundin erzählt mir, daß sie manchmal nachts oder am sehr frühen Morgen herkommt, um zu arbeiten, und wenn sie einmal sehr müde ist, legt sie halt ein Schläfchen auf einem der Sofas in der Bibliothek ein.

Den Kollegen, von denen sie aber auch nicht alle kennt, stellt sie mich manchmal als *German writer*, manchmal als *my friend from France* vor und manchmal einfach als Barbara. Jetzt, mitten am Tag, schwirren viele Leute in den

Kommunikationsräumen herum, im eigentlichen Writers-Raum flüstern wir aber natürlich. Einmal sitze ich auch Probe in einer der Schreibnischen; ich frage mich, ob ich hier arbeiten könnte, und finde, eigentlich schon, ja, denn man kann hier ganz abgeschirmt und zugleich unter Menschen sein. Ich bin wirklich beeindruckt und begeistert, und wenn ich einen Wunsch frei hätte, würde ich mir eine solche Einrichtung in meine Stadt wünschen.

Nach der Chanukkawoche fährt mein Ruben wieder ab. Er kann nun schon den gerade vor wenigen Tagen eingeweihten Air Train zum JFK Airport nehmen, den es bei meiner Ankunft noch gar nicht gab. Die New York Times wußte allerdings zu berichten, daß sich bei der Jungfernfahrt die automatischen Türen nicht öffneten und alle Ehrengäste stundenlang eingeklemmt waren, was mich nach all den anderen Unfällen wegen mangelnder Sicherheit, von denen die Zeitung berichtet, auch nicht mehr wundert. Doch wir hoffen, daß die technischen Probleme inzwischen geregelt sind.

Natürlich bringe ich meinen Sohn nicht zum Flughafen, schließlich ist er kein Kind mehr, sondern Student, aber beim Abschied steckt mir trotzdem ein Kloß im Hals, ein Stein liegt im Magen, und von dem Stich im Herzen rede ich erst gar nicht. Einen Moment, nachdem er aus der Tür ist, rutscht mein Blick wieder zur Türklinke hinunter.

Natürlich sage ich es ihm nicht, aber er wird immer mein »Kleiner« bleiben.

Sanda möchte mir offenbar etwas Tolles bieten und schlägt vor, zu Sylvester zum Times Square zu gehen, es soll ganz toll dort sein, und sie war auch noch nie da. Aber ich lehne ab, seit wann beteiligen wir uns denn an Massenveranstaltungen?, und behaupte, ich wolle schlafen gehen, so wie meine Mutter es auch ihr ganzes Leben getan hat, jedenfalls so lange ich sie kannte. *Gojim Naches!* sagte sie verächtlich zu jeder Art, Sylvester zu feiern. Sanda aber findet, es sei doch ein bißchen zu versnobt, Sylvester in New York im Bett zu verbringen, seit wann bist du denn so versnobt?, und schlägt als Kompromiß vor, sie zu einer Party im East Village zu begleiten. Gut, das mache ich mit und kaufe beim italienischen Bäcker sogar eine *Galette des Rois*, die ich zur Party mitbringe. Keiner kennt den romanischen Brauch, aber ganz wie beim Kindergeburtstag stürzen sich alle begeistert darauf, nachdem ich ihnen erklärt habe, daß nur einer von ihnen in einem Stück der Galette auf eine *fève* beißen wird, eine ganz kleine Figur, die Glück bringt und von manchen Leuten gesammelt wird. Doch dann ist gar keine *fève* dabei. Man kann sie nicht aus Versehen herunterschlucken, nein, dazu ist sie zu groß. Alle sind schrecklich enttäuscht. Am 2. Januar werde ich in die italienische Bäckerei gehen und eine Erklärung und mein Geld zurückfordern.

Es ist eine Fête wie früher, jetzt mit Sandas New Yorker Freunden, Musikern und Theaterleuten, und mir ist, wie schon des öfteren während meiner Residenzzeit, als kehrte ich in mein Leben von gestern zurück. Zuerst gefällt es mir, dann langweilt es mich doch, obwohl ich mich blendend unterhalte. Vorbei ist vorbei. Es tut mir sogar weh.

Punkt zwölf klettern wir alle hoch aufs Dach und sehen uns das Feuerwerk über Manhattan an, drehen uns nach Norden und Süden und Osten und Westen, wo sich die Stadt an allen vier Enden entzündet, hier feuerwerken die Leute nämlich nicht selbst wie in Deutschland. Auf allen Dächern stehen Leute, die *Happy New Year* rufen und sich über jeden neu aufflammenden bunten Sternenregen freuen, ah! und oh!, als hätte ihnen die Bilderflut unseres Lebens nie etwas angetan. Auch auf dem Heimweg sind die Straßen voller ausgelassener Leute, die *Happy New Year* wünschen und lachen, manche sind ein bißchen angetrunken, aber keiner besoffen, keiner grob oder aggressiv, eine Stimmung *bon enfant*, wie man das in Frankreich nennt, wie beim Kindergeburtstag. Auf der Erde finde ich einen Ring, den schenke ich Sanda zu unserer goldenen Hochzeit, von der wir nicht weit entfernt sein können. Nun rieselt auch noch leichter Schnee. Eigentlich ist alles viel zu schön und zu friedlich, um wahr zu sein. Ich bin froh, nicht ins Bett gegangen zu sein, und als ich in meine

Residenz zurückkehre, haben sogar die heulenden Katzen und Hunde die Wohnung freigegeben. Eine seltene Nacht, in der kein Wind weht und pfeift.

Wo Hannah Arendt begraben ist

Einmal komme ich noch über die Stadtgrenzen von New York hinaus.

Das Bard College hat mich eingeladen, an einem Übersetzercolloquium teilzunehmen und dort aus meinem gerade ins Englische übersetzten Buch zu lesen. Eigentlich haben das Samantha und Dedi organisiert, zwei junge Frauen, die das Online-Magazin *Wordswithoutborders* für internationale Literatur herausgeben und denen nichts, was gerade irgendwo auf der Welt zwischen Kopenhagen und Seoul geschrieben wird, verborgen bleibt, auch nicht das zufällige Zusammentreffen meiner Residenzzeit in New York mit dem Colloquium im Bard College. Auf ihrer Website stellen sie die Literaturen aller nur möglichen Sprachen und Länder in Übersetzungen vor, zumindest in Ausschnitten, weil sie finden, daß die Amerikaner in allzu großer Unkenntnis anderssprachiger poetischer Welten leben, ein unhaltbarer Zustand, den sie ändern wollen. Es gibt wohl keine Sprache der Welt von Arabisch bis Chinesisch, darunter Sprachen, deren Namen ich noch nie gehört habe, aus der sie keine Übersetzungen präsentieren. Die Website wird von zahlreichen Stiftungen privater, staatlicher und städtischer Art finanziert und vom Bard College gehostet, was immer das heißen mag.

Zu viert fahren wir in Samanthas *Van* 90 Meilen den Hudson nach Annandale hoch, das ansonsten ein ganz unbekanntes Kaff ist, aber dem illustren College seine Postadresse gibt. Außer Samantha und Dedi (sprich Didi) ist noch Edith, genannt Edi (sprich Idi), dabei, die gerade den *Don Quichote* neu übersetzt hat und diese Übersetzung auf dem Colloquium vorstellen soll. Samantha fährt auf dem Highway genauso langsam und gemütlich wie alle hier, dafür hat sie auch reichlich Proviant für uns eingepackt, den wir, kaum daß wir New York City verlassen und die Auffahrt Richtung Albany genommen haben, wie kleine Kinder sofort aufessen. Wir sind richtig in Ausflugsstimmung, gehen in einer Raststätte noch Kaffee trinken und lachen und gackern die ganze Zeit. Das liegt wahrscheinlich daran, daß wir sonst immer so einsam an unseren Schreibtischen sitzen. Edi ist zwar die älteste, aber auch die ausgelassenste und fröhlichste von uns vieren, weil sie ihren *Don Quichote* nach so vielen Jahren Schwerstarbeit nun in den Schaufenstern der Buchhandlungen liegen sehen und sich erholen kann. In der New York Times gab es schon eine hymnische Besprechung. Ich frage sie ein bißchen aus, was sie zum Spanischen geführt hat, denn ihr Name jedenfalls klingt überhaupt nicht nach einem spanischen Familienhintergrund. Alle unsere vier Namen enden auf -mann, auch wenn die drei Amerikanerinnen das zweite –n fallengelassen haben, das finden wir lustig, schon weil wir im Moment gerade alles lustig finden. Ich will es dir erklären, sagt Edi, dazu mußt du mal aus dem Fenster sehen. Dort sehe ich eine weite, hügelige Waldlandschaft, sogar mit richtigen Bergen. Wir durchqueren nämlich gerade den sogenannten »Borschtsch-Belt«, erzählt Edi, wo früher alle jüdischen Kinder des Staates New York ihre Ferien in Sommercamps verbracht haben, auch ich, und ihre Eltern auch noch meist irgendwo einen Bungalow hatten. Meine Großmütter konnten noch nicht mal Englisch, nur Jiddisch. Das ist die Sprache, von der ich herkomme und von der ich weggelaufen bin, bei Spanisch konnte die Mischpoche wenigstens nicht mitreden. – Jetzt, da alles schon ziemlich lange her ist, weiß sie nicht mehr genau, ob es mehr komisch oder traurig war: das spießige Milieu, die Peinlichkeiten der vergeblichen und manchmal gelungenen Anpassung, die tausend Tricks und Ticks und Faux Pas, denen zu entfliehen sie eben Spanisch gelernt und sich damit erfolgreich in eine andere Welt hinübergerettet hat. Jede Woche telefoniert sie mit Márquez und Llosa, sie diskutieren über alles nur mögliche mit ihr, aber sie fragen sie nie, ob sie auch etwas Warmes gegessen hat.

Das Bard College liegt mitten in der hügeligen Waldlandschaft, durch die wir schon die ganze Zeit gefahren sind, die Häuser und Pavillons stehen unter lauschigen alten Bäumen frei in der Landschaft. In ihrer Architektur sind die Institute, Bibliotheken und *dormitories* den mittelalterlichen englischen Universitäten nachempfunden, wie bei den meisten amerikanischen Universitäten, und man kann hier wahrscheinlich wirklich nichts anderes tun als studieren und lesen und forschen, dazwischen vielleicht wandern oder nach der Natur zeichnen, sonst gibt es jedenfalls nicht viel Ablenkung. Viele sehr berühmte Wissenschaftler und Künstler haben im Bard College, das sich besonders den Sprachen, der Literatur und ganz allgemein dem, was man hier *Liberal Arts* nennt, widmet, gelehrt und lehren noch immer. Auf dem kleinen Friedhof nahe dem College sind Hannah Arendt und ihr Mann, Hans Blücher, begraben, der viele Jahre am Bard gelehrt hat, beide haben dem College ihre Bibliothek hinterlassen.

Unsere kleine Frauengruppe wird von der Institutsleiterin sehr herzlich willkommen geheißen und zur Besichtigung über den Campus geführt, wo wir das Fisher Center of Performing Arts von allen Seiten, von außen und innen besichtigen können. Der Bau inmitten der »mittelalterlichen« Kastelle ist eine von Frank Gehrys ausgreifenden Wallungen, wirkt aber ganz harmonisch und beruhigt in der pastoralen Umgebung. Zufällig hatte ich mir gerade wenige Tage zuvor, als ich in der Lobby meiner Residenz auf den Doorman warten mußte, eine Zeitschrift mit der Titelstory *Jewish Architects* aus einem der Briefkästen gegriffen und aus einem Interview mit Frank Gehry erfahren, daß er eigentlich Ephraim Goldberg heißt, es heute bedauert, seinen Namen geändert zu haben, und die Inspiration zu seinen Werken der Erinnerung verdankt, wie in seiner Kindheit in Toronto die Großmutter jeden Freitag mit dem Karpfen kämpfte, wenn sie ihn aus der Badewanne fischte, und dieser sich Wellen peitschend gegen sein Schicksal auflehnte, als »gefillter Fisch« zu enden.

Zu den Konzerten, Theater- und Ballettaufführungen, die das College veranstaltet, strömt das Publikum aus New York und Boston zusammen, wie uns die Institutsleiterein erklärt, alle Vorstellungen sind Monate im voraus ausverkauft. Es müssen große Kunstfreunde sein, staune ich, denn wir haben immerhin zweieinhalb Stunden gebraucht, um anzureisen.

Unser Symposium findet in einem kleinen Kreis im *Faculty Club* statt, einem holzgetäfelten Saal mit dicken Teppichen, tiefen Sesseln und alten Bildern in schweren Goldrahmen an den Wänden wie in einem englischen Club, oder was ich mir darunter vorstelle, und beginnt mit »Tea and Conversation with the Editor«. *The Editor*, das sind Dedi und Samantha, die ihre Website vorstellen, danach lesen mehrere Übersetzer aus ihren Arbeiten, Edi natürlich aus dem *Don Quichote*, und ich lese aus der amerikanischen Übersetzung meines Buches, das habe ich vorher mehrmals geübt, damit ich alles flüssig lesen kann und richtig ausspreche. Wir bekommen Applaus, es gibt Fragen und Blumen, und anschließend werden wir noch zum

Dinner eingeladen, bei dem Edi eine Flasche Wein mitgehen läßt. »Hier in Neu England herrscht noch immer etwas vom Geist der Prohibition, da muß man zugreifen, wenn sich eine Gelegenheit bietet«, findet sie. Auf der Rückfahrt durch das nächtliche Hudson Valley reichen wir die Flasche dann im Auto herum und trinken auf unseren Erfolg.

Das Rondo im Central Park

Gekauft habe ich mir in New York nichts. Gar nichts. Kein einziges Erinnerungsstück. Das wird mir sicher später leid tun. Nur Postkarten im Museum, obwohl ich auch nur ein einziges Mal im Museum gewesen bin. Im Whitney Museum of American Art habe ich mir die Ausstellung eines zeitgenössischen amerikanischen Malers angesehen, von dem ich noch nie gehört und noch niemals ein Bild gesehen hatte. Der Künstler heißt Lukas Samara, ist als ganz junger Mann aus Mazedonien in die USA gekommen und dort, auch wenn ich es völlig verpaßt habe, so berühmt geworden, daß ihm das Whitney Museum eine Retrospektive gewidmet hat. Er malt manisch immer nur Selbstporträts, Witz hat er dabei auch, das ist natürlich sehr wichtig, manchmal manipuliert er Polaroidfotos, wenn sie noch feucht sind, oder dekoriert in kleinen Kästchen oder Kisten buntes Zeugs und Krimskrams zu pittoresken, puppenhaften Innenlandschaften.

Nach den vielen Wochen im Village ist mir, als hätte ich zum ersten Mal in meinem Leben ein Museum betreten, denn der Kontrast könnte nicht größer sein: Hier bewegt sich nichts, alles bleibt an seinem Platz, die Bilder rühren sich nicht aus ihren Rahmen, Stille wie auf einem anderen Stern! Wir sind nur wenige Besucher, die sich verlaufen und die Stimmen senken, wenn sie reden oder etwas fragen. Nirgends klingelt oder rattert, schrillt oder schreit es. Keine Ausdehnung und keine Beschleunigung! Nachdem ich durch alle Etagen geschlendert bin, durchschreite ich das ganze Museum noch einmal von hinten nach vorn, betrachte jedes Bild und lasse keines aus, was ich sonst nie mache, vielmehr die Räume sogar in einer gewissen Eile durchquere, darauf wartend, daß mich ein Werk anruft. Hier aber lese ich auch noch alle Erklärungen, die ich sonst hochmütig völlig ignoriere, Bild für Bild, vom obersten Stockwerk abwärts, bis ich wieder im Lärm der Menge in der Sonne auf der Madison Avenue stehe.

Und nun gehe ich gleich auch noch in den Central Park, einmal wenigstens muß ich doch dort gewesen sein. Und wenn es am vorletzten Tag ist.

Wie das Museum durchstreife ich ihn gründlich, aber ohne anzuhalten. Obwohl es noch kalt ist, sind viele Menschen da, Familien und ganze Völkchen und Gruppen, Paare und Kinder, viele junge und viele alte Leute und Touristen. An einer der Straßen, die den Park durchqueren, aber nicht von Autos befahren werden, gibt es offensichtlich etwas Besonderes zu sehen oder zu hören, dort bleibe ich stehen. Eine improvisierte Rollerblade-Bahn, auf der Frauen und Männer und Kinder zu Hip-Hop- oder Rockmusik auf Rollerblades oder klassischen Rollschuhen laufen, gleiten, springen, hüpfen, sich schieben, jeder wie

151

er kann. Frauen, Männer, Kinder jedes Alters, aller Rassen und aller Klassen und sonstigen sozialen Stände in einem großen Kreis, Jugendliche, Halbwüchsige, Studenten, Mittelalterliche, Alte und richtig Alte, Dicke und Dünne, Latinos, Schwarze, Weiße, Chinesen, Inder und andere Asiaten, Juden mit Kippa und auch einer in voller orthodoxer Montur. Manche ganz fein herausgemacht mit Anzug und Krawatte und manche ganz verschlampt in Baseball-Look, manche richtig schick, manche brav unauffällig und manche abenteuerlich oder cool nachlässig. Einige beherrschen die Rollerblades meisterlich, tanzen komplizierte Figuren wie beim Eiskunstlauf, einzeln oder als Paar, andere laufen einfach nur so den Kreis ab, ein netter kleiner Opa wackelt überhaupt bloß ein bißchen hin und her, einfach hin – her, vor – zurück, hin – her, vor – zurück, und es scheint ihm großen Spaß zu machen. Alle folgen dem Rhythmus der Musik und drehen, wenn auch ungeordnet, eine große Runde in der Bahn, um die herum wir Zuschauer stehen und manchmal klatschen. Innerhalb der Runde bilden sich immer neue Verbindungen und Figuren, die Leute holen sich ein, drehen sich umeinander, fassen einander, lösen sich wieder, überholen sich, auch der Hin-Her-Vor-Zurück-Opa wird von einem besonders virtuosen Paar kurz umschwärmt und mitgezogen, bevor sie mit anderen wieder andere Figuren bilden, einige fügen sich nur eine Weile, für ein, zwei Runden, in den Tanz, andere bleiben die ganze Zeit dabei und drehen Kreis um Kreis, und so bilden sich immer neue Paare und Gruppen und Figuren in immer neuen Verbindungen.

Aber ein Zentrum gibt es doch: In der Mitte der Runde fungiert ein zwei Meter großer *African-American* von tiefschwarzer Hautfarbe als Zeremonienmeister. In einer zitronengelben Häuptlingstracht dirigiert er das Ganze und singt und tanzt dabei als einziger im Gegensinn des Kreises. Er ist der heimliche Chef, er wirft die Musik an und hat sich, seiner zentralen Stellung entsprechend, eine Art Headquarters aufgebaut: ein glitzerndes, goldfunkelndes Monstrum von Motorrad, bei dem man erst bei genauerem Hinsehen erkennt, daß es sich in Wirklichkeit nur um ein Fahrrad handelt, das er aufgemöbelt und aufgetakelt hat. Aber wie! Auch die Boxen hängen daran, aus denen die Musik kommt, seine eigenen Songs und Aufnahmen, wie wir erfahren. Er spricht uns, die Zuschauer, an, teilt uns mit, daß man seine CD's auch hier kaufen kann, *just come over to my office!* Damit meint er das goldchromglänzende Fahrrad, das auf einem purpurroten Teppich mit bunten Ornamenten aufgebaut ist und eine Art Königssitz hat, auf den er sich manchmal setzt und stolz herumguckt. *Come over to my office, everybody!* ruft er. Lacht, strahlt und singt und dreht dann auch einmal in der richtigen Richtung mit allen zusammen eine Runde. Da wirkt sie tatsächlich wie eine beschwingte *brotherhood of men*.

Langsam wird es dunkel, die Kälte ist wieder deutlich zu spüren. Ich sehe auf die Uhr. Zwei Stunden habe ich dem Rollerblade-Rondo zugeschaut.

Schnee und Regen sind vom Wind auf den Kontinent vertrieben worden und jagen sich jetzt gegenseitig bei den großen Seen, berichtet die New York Times. Die fast vierzig Fahrenheit, die wir wieder gewonnen haben, entsprechen den *normal hights*, schreibt sie und zeigt es in ihrer Wetterberichtsgraphik an.

Das überirdische Licht strahlt wie am ersten Tag.

Der Mann, der damals, am ersten Abend, in roten Hosen auf dem Balkon stand und rauchte, steht wieder in roten Hosen dort und raucht. Vielleicht hat er ja während meiner ganzen Residenzzeit dort gestanden, rauchend, in roten Hosen, und ich habe ihn nur nicht mehr beachtet. Auf dem Dach des Sport Center sprinten und laufen die Leute, und im Gymnastikclub turnen sie an den Geräten. Nur das Paar, das damals so intensiv miteinander gesprochen hat, lehnt nicht mehr am Fenster. Vielleicht leben sie jetzt in einem anderen *borough* zusammen. Vielleicht haben sie sich nie wiedergesehen.

Eigentlich möchte ich gerne in New York bleiben, denke ich jetzt manchmal. Für immer, denke ich sogar manchmal.

Nie mehr zurückkehren. Aus dem Kontinent meines alten Lebens auswandern. Nach Amerika.

Nur diesen Satz sagen. Ob ich den Mut dazu hätte, frage ich mich jetzt manchmal.

Geht es allen Menschen so, wenn sie ein paar Wochen in New York bleiben? Liegt es am überirdischen Licht, den Winden, den Strömungen, Strahlungen, geo- oder metaphysischen Energien?

Dann müßte ich aber erst einmal richtig Englisch lernen, eine Sprache, die ich seit langem nur halb spreche, dreiviertel verstehe, ganz gut lese und wie eine Analphabetin schreibe.

Englisch ist in Wirklichkeit die schwerste Sprache der Welt, haben meine Eltern immer gesagt, die es ja wissen mußten, denn sie hatten viele Jahre in England gelebt.

Ich müßte dann hier ein richtiges neues Leben beginnen, auf die Leute, die jetzt meinen Weg nur kurz gekreuzt haben, zugehen, ihnen meine Freundschaft antragen, auf die ihre hoffen, ein Netz neuer Bekanntschaften aufbauen, Kontakte knüpfen, Kollegen kennenlernen, vielleicht würde sich ja eine der Begegnungen zu einer großen, schönen langen Freundschaft auswachsen. Vielleicht.

Das möchte doch jeder! Alle Rollen des Lebens noch einmal umbesetzen können, Verwandlung, neuer Text, neues Dekor, eine andere Gestalt.

Das ist doch nur mein Hang zum Dramatischen.

Dennoch verachte ich mich für meine Ängstlichkeit und Bürgerlichkeit und bestrafe mich dafür, indem ich mich von allem trenne, was ich während meiner New Yorker Residenzzeit gesammelt und aufgehoben habe und was sich sonst so angefunden hat. Alle Artikel, die ich so sorgfältig aus der New York Times ausgeschnitten und in eine Mappe gelegt habe, alle Prospekte und Restaurantführer, Listen, Hefte, Pläne und Kataloge, *Time Out* und *Heeb* und *Village Voice*, all das zerknülle ich und zerreiße ich und werfe es weg. Alles, was ich habe aufheben wollen, um später meine Erzählungen illustrieren, meiner Erinnerung Anschauung und meinem Gedächtnis Halt geben zu können. Alle Zeugnisse meines New Yorker Daseins, auch die kleinen Dinge des täglichen Lebens, die sich im Laufe der Wochen angesammelt haben; weder das Tylenol noch das *Horsradish*-Glas, weder Haarshampoo noch Wollhandschuhe oder Klebeband bleiben verschont. Im Rahmen meiner Möglichkeiten veranstalte ich in meiner Residenz eine kleine Orgie, in der sich mein Besitzwunsch, meine Versagenslust, mein Opferwille und meine Zerstörungswut austoben können.

Nur das *One-Subject-Notebook*, in dem ich das alles aufgeschrieben habe, hat meine Orgie überlebt.

Jetzt liegt es vor mir. Noch immer steigt und versinkt die Erinnerung an die Zeit in New York in wellenartigen

Schüben auf und ab. Noch treibt sie wie eine Insel ungebunden herum, ohne an eines der großen Erinnerungsterritorien anzudocken.

Sanda schreibt mir, daß die Bar mit meinem Kindernamen schon wieder den Besitzer gewechselt hat. Jetzt ist es ein Thai-Restaurant mit einem ganz anderen Namen, der blinkt und leuchtet. Rot, grün, blau und fremd.

Inhalt

Das überirdische Licht 5

Mein magisches Dreieck 14

101 Fahrenheit 24

Clash of civilisations 35

Dorfleben 44

Far Rockaway 53

»Mutti« am Morningside Drive 65

Doctorow und Stifter 72

Schneesturm über Manhattan 77

Moni aus Karlshorst 84

Der Chossid von der 6th Street 90

Aufklärungen 96

Lunchseminar im Remarque-Institut 105

Lower East Side Renaissance 109

Washington Heights 119

Weihnachten und Chanukka 125

The Writers' Room 138

Wo Hannah Arendt begraben ist 144

Das Rondo im Central Park 150